「潜在意識」に働きかけて
さりげなく相手を動かす

影響力の魔法

Kanazawa Akitoshi
金沢景敏

ダイヤモンド社

はじめに

「影響力」には、魔法のようなパワーがある

人を動かす――。

これは、仕事をするうえで不可欠な能力です。

上司の承認を得たり、部下に仕事を進めてもらったり、お客様にお買い上げいただいたり……さまざまな場面で**「相手の理解を得て、相手に動いてもらう」**ことが求められます。これが上手にできるかどうかで、仕事の成果には雲泥《うんでい》の差がつくと言ってもいいでしょう。

ところが、ここで勘違いしがちなことがあります。

ついつい相手を「理屈で説得しよう」としてしまうのです。

もちろん、上司に承認してもらうためには、「承認すべき理由」をロジカルに説明する必要がありますし、お客様にお買い上げいただくためには、「その商品の価値」をわかりやすくプレゼンすることが欠かせません。

しかし、それだけで人が動いてくれるわけではありません。むしろ、**相手を「理屈で説き伏せよう」とするあまり、かえって敬遠されたり、反発されたりする結果を招いてしまう**のが現実。やる気に溢れる人ほど、この〝落とし穴〟に陥りがちではないでしょうか。

僕自身がそうでした。

2012年、33歳のときに、僕はTBSからプルデンシャル生命保険に転職。テレビ局の〝看板〟のおかげでチヤホヤされて〝いい気〟なっている自分がカッコわるく思えたので、日本一の営業会社であるプルデンシャルで、「自分の実力」を実証してみせようと心に決めたのです。

だけど、現実は厳しかった。保険営業は、親類や知人にアプローチすることから始めるのが通例で、僕もそこからスタートしたのですが、〝義理〟で保険に入ってくださる人がいる一方で、「保険に入るべきだ」などと説き伏せようとする僕に反発する人も多く、知人との人間関係が深く傷つくようなケースが増えていったのです。

しかも、知人のよしみで保険に入ってくれた人も、僕にその方の知人を紹介してくれる人はあまりいませんでした。強引な営業をする僕を紹介したら、知人に迷惑をかけるのではないかと危惧《きぐ》したのだと思います。その結果、営業マンになって半年が過ぎた頃には、新規営業をするために連絡をする相手が尽きてきたのです。

これには震え上がりました。

フルコミッションですから、契約をお預かりできなければ報酬はゼロ。「このままいったら、人生終わる……」。普段は努めて平静を装っていましたが、妻や幼い子どもたちを路頭に迷わせるという最悪の状況を思い描いては、吐き気を催すほどの危機感に苛《さいな》まれる毎日でした。

あの頃は、本当に苦しかった。だけど、八方塞がりの状況のなかで、なんとか活路を見出そうともがくなかで、僕は、徐々に**「影響力」というものの重要性**に気づくようになりました。

そして、試行錯誤を重ねながら、「影響力」を正しく扱う方法を磨き続けることで、次第に状況が変わり始めました。お目にかかるお客様から好意的な反応を返していただけるケースが増加。かつて人間関係を傷つけていた頃とはまったく違って、**自然な会話の流れのなかで、「わかった。君のすすめる保険に入るよ」「あなたに紹介したい人がいる」といった言葉をかけてもらえるようになった**のです。

気がつけば、あれだけ苦しんだのが嘘のように、なんと初年度で個人保険部門において全国の営業社員約3200人中の第1位を獲得。「影響力」という武器を身につけることで、状況を一変させることができたのです。

人間を動かしているのは、99.999%「感情」である

では、「影響力」とは何か？

僕は、**「潜在意識に働きかけることで、人を動かす力」**のことだと考えています。

重要なのは、「潜在意識に働きかける」という部分です。相手の「潜在意識」＝

「自覚されていない意識」に働きかけることで、相手が自発的に考えを変えたり、行動を起こしたりする。この能力を、僕は「影響力」と呼んでいるのです。

と言っても、よくわからないですよね？
これから、わかりやすく説明するので、もう少しお付き合いください。

先ほど僕は、「『理屈で説得しよう』とすると、かえって敬遠されたり、反発される」と書きました。僕自身、営業マンになって骨身に沁みたことですが、**「理屈で説得する」ことで、相手を動かすのは至難のわざ**なのです。

なぜ、難しいのか？
理由は簡単で、人は「理屈」では動かないからです。
僕たちは、なんらかの行動を起こすときに、「理性の力」でその決断をしたと思っていますが、これは錯覚にすぎないと僕は考えています。実際のところ、**僕たち人間を動かしているのは99・9999％、「感情」だと思う**のです。

これは、大きな決断であればあるほど当てはまることです。

買い物の場面を思い浮かべてください。数百円の日用雑貨品を買うときには、いくつかの商品を比較して、値段や効果効能で最も優れているものを、「理性」で選択していると言えるかもしれません（実際には、メーカーのブランド・イメージやパッケージ・デザインなど、非理性的な要素が意思決定を大きく左右していると思われます）。

だけど、家や車などの高額商品を買うときには、値段や効果効能を踏まえながらも、**最終的な決め手となっているのは、「これしかない！」「これが気に入った！」といった「感情」**であるはずです。「感情」の強い後押しがなければ、大きな決断へと踏み出すことができないと言ってもいいでしょう。

行動を支配しているのは、「理性」ではなく「潜在意識」である

そして、その「感情」が生まれた原因を、言葉で語り尽くすことはほとんど不可能ではないでしょうか？

いろいろ理由をつけてはみても、結局のところ、「なんか好きなんだよね」「ピンときちゃったんだよね」ということに尽きると思うのです。その「感情」を生み出しているのが、「潜在意識」＝「自覚されていない意識」だとすれば、完全に言語化することができないのも当然のことでしょう。

つまり、**僕たちの言動や思考を根本で支配しているのは、「潜在意識」＝「自覚されていない意識」**なのだと思うのです。

であれば、人に動いてもらうために決定的に重要なのは、「理屈」を伝えることで、相手の「理性」に訴えかけることではなく、「潜在意識」＝「自覚されていない意識」に働きかけることによって、相手の「感情」を動かすことにほかならない、ということになるはずです。

相手の「潜在意識」において、「この人は信頼できる」「この人を応援したい」「この人の力になりたい」といったポジティブな感情が生み出されたときにはじめて、相手は自らの意思で、「わかった。あなたの言うとおりにしましょう」と決断し、行動を起こしてくれるのです。

ロジカルなプレゼンなのに、まったく相手に響かない理由

営業の場面で考えてみましょう。

かつての僕は、保険契約を勝ち取るために、「保険に入るべき理由」「保険商品の内容」などを懸命にプレゼンしていましたが、それがどんなに理路整然としたものであっても、**一方的に売りつけようとする営業マンに対して、相手の「潜在意識」に不信感や嫌悪感が生み出されるのは当然**のことでしょう。

たとえ、相手の「理性」においては、「なるほど、たしかに保険には入ったほうがよさそうだ」と理解してもらえたとしても、感情的に僕という存在を否定していれば、「だけど、こいつからは絶対に入りたくない」と思うに違いありません。いや、それ以前に、「こいつの話は聞きたくない」と、はなから僕のプレゼンに耳を塞いでいたのかもしれません。

だとすれば、そんなプレゼンには何の価値もありません。

だから、僕は、「話す」より「聞く」ことを心がけるようになりました。会話のなかで、**お客様が内心で「誰かに話したい」と思っている話題を探りあて、そのお話に、営業マンとしてではなく、一人の人間としてじっくりと親身になって耳を傾けるよう**にしたのです。

同じ人間ですから、必ず、自分と重ね合わせて共感できる部分があります。

そこに心を共振させながら、親身になって話を聞いていれば、お客様も自然と話に興が乗ってきます。なかには、アポイントの時間が過ぎても、お話を続けようとされる方もいらっしゃるほどでした。

そして、**人間誰しも、本当は「話したい」と思っていても、普段は話す機会のない話題にとことん付き合ってくれて、それをしっかり受け止めてくれた相手に対して好感をもってくれます。もっと言えば、自分に気持ちよく話をさせてくれたことに対して、ちょっとした負い目のようなものすら感じてくれる**のです。

このとき、僕にささやかな「影響力」がもたらされます。

なぜなら、**好感や負い目を感じているお客様は、僕に対して「何か〝お返し〟をし**

たい」と思ってくださるからです。つまり、僕のプレゼンを聞いていただく姿勢を自然ととっていただけるようになるのです。

そして、以前とプレゼンの内容そのものは変化がないにもかかわらず、成約確率が明らかに向上したほか、その方の知人をご紹介いただける機会も格段に増加。こうして、僕は「影響力」のパワーを実感するようになっていったのです。

一度生み出した「影響力」を無限に増幅させる

これは、ほんの一例です。

「聞く」ということ以外にも、お客様の「潜在意識」に働きかけるために、ありとあらゆる工夫を重ねました。**僕に対して、「親近感」「安心感」「好感」「共感」「信頼感」といったポジティブな感情をもっていただくためにはどうすればよいか？ その観点で、自分の一挙手一投足を見直して**いったのです。

そして、相手の「潜在意識」において、「僕という人間」を受け入れていただければ、相手に対する「影響力」が効き始め、自分が思う方向へと自然と仕事が動き出すことを身をもって学びました。これは、あらゆる職種や仕事、あらゆる人間関係に共通する真理だと思います。

さらに重要なのは、「影響力」を増幅させていくことです。

ある人物との関係性を構築することができたら、今度は、その方の「影響力」をお借りするのです。例えば、僕がある会社の社長さんの「影響力」を借りることができれば、その会社の役員をはじめとする方々はもちろん、その社長さんと付き合いのある別の社長さんにもアプローチしやすくなるでしょう。

そして、ご紹介いただいた方々との関係性をしっかりと築くことができれば、今度は、その方々の「影響力」をお借りすることができるでしょう。こうして、**一度生み出した「影響力」を無限に増幅させていく**わけです。いわば、「わらしべ長者」のようなものです。

実際、僕は営業マンとして、目の前の方との関係性を大事にするとともに、その方の「影響力」をお借りすることで、徐々に、「富裕層」と言われる方々とのご縁も増えていきました。

そして、そうした方々も含む**コミュニティのハブとして存在することで、「金沢景敏という人間」の「影響力」はさらに増幅。**そのコミュニティに加わりたいと思う方が増えたこともあって、ほとんど営業マンらしい仕事はしなくても、僕のもとに「あなたから保険に入りたい」「相談に乗ってほしい」という連絡が継続的に入ってくるようになっていました。

そのような恵まれた環境が生み出されたおかげで、最終的にはTOT基準（日本の生命保険募集人登録者約120万人中60人前後のみ認定される「狭き門」）の4倍以上の成績を上げることに成功。8年在籍したプルデンシャルを退職したのち、AthReebo（アスリーボ）株式会社を創業して、長年の夢だった「スポーツ選手の生涯価値を最大化する事業」に邁進しています。「影響力」を味方につけることで、まさに「魔法」のように人生が変わったのです。

浅はかな〝心理術〟で「潜在意識」を騙すことは不可能

本書では、僕がこれまでに培ってきた「影響力」を身につけ、それを最大限に増幅させるノウハウのすべてをお伝えしていきます。

かつての僕がそうであったように、多くの人は「影響力」がほとんどない状態で人生を歩み始めます。しかし、**人と向き合う正しいスタンスと、相手の「潜在意識」に働きかける技術を身につけることで、必ず、あなたならではの「影響力」を育てること**ができると確信しています。


もしかすると、「〝潜在意識〟に働きかける」という表現から、相手の心理を操ったり、相手を騙したりする、いわゆる〝ブラック心理術〟のようなものをイメージする人もいるかもしれません。

しかし、それはまったく当たりません。というよりも、そんなものは通用しないと僕は確信しています。なぜなら、**人間の「潜在意識」は、そのような生半可な〝心理術〟で騙せるほど甘いものではない**からです。

こちらがどんなに技巧を凝らしたところで、相手の「潜在意識」はこちらの本心を鋭敏に嗅ぎ分けます。**「この人は、口では〝もっともらしいこと〟を言うけど、なんかおかしい」「どうも、信用ならない」などとすぐに勘づかれてしまうの**です。「潜在意識」に浅はかな「嘘」は通用しません。正攻法に徹することが「影響力」を身につける大原則なのです。

そして、本書を参考にしながら、健全な「影響力」を身につけることができれば、あなたの仕事はうまくいき、自分が望む人生を手に入れることができるに違いありません。「影響力」を増幅させることによって、多くの人々との豊かな関係性を楽しめるようになり、**あなたの人生は素晴らしい軌跡を描き始める**のです。

もちろん、僕もまだ道半ばの人間です。読者のみなさまとともに、さらに自分の「影響力」に磨きをかけ、なんとしても、社会にとって有意義な仕事を成し遂げたいと心から願っています。本書をきっかけに、そんな想いで仕事をする人々の「輪」が広がれば、それに勝る喜びはありません。

金沢景敏

影響力の魔法◉目次

はじめに　002
「影響力」には、魔法のようなパワーがある
人間を動かしているのは、99・9999％「感情」である
行動を支配しているのは、「理性」ではなく「潜在意識」である
ロジカルなプレゼンなのに、まったく相手に響かない理由
一度生み出した「影響力」を無限に増幅させる
浅はかな〝心理術〟で「潜在意識」を騙すことは不可能

第1章　影響力は「合気道」のようなもの　031

01 無力であることも「影響力」の源になる　032

ゼロから「影響力」を身につける〝たった一つの方法〟

「影響力の磁場」と無縁に生きることはできない
無力であることも「武器」である
自分の「現在地」を知ることが、「影響力」を生む第一歩

02 「偽物の影響力」は自分を傷つける　040

「義務感」「恐怖心」などで人を動かすのは間違い

自分の「目標達成」のために、やってしまった「痛恨の失敗」
「人間」として拒絶されて、自分を見つめ直すようになる
「恐怖心」で人を動かすのは「偽物」の証拠
「偽物の影響力」は自分を傷つけるだけ

03
「本物の影響力」は無限に増幅する
相手が自ら喜んで「こちらの望む行動」をしてくれる
入社1年目の若者に学んだ「影響力」のパワー
「影響力」の正体とは？
「本物の影響力」は、人生の可能性を「無限大」にする
048

04
「For　me思考」を克服する
相手を「利用」しようとすれば、すべては失敗する
「For　me思考」が、「不信感」「反発」「反感」を生む
相手に伝わるのは、こちらが「潜在意識」で思っていること
自問自答を繰り返して、「自分の根っこ」を見つめ直す
056

05
影響力は「合気道」のようなもの
「相手の力」を活かして、「楽」に仕事を動かす
「For　me思考」を克服すると、なぜ「楽」に結果を出せるのか？
064

「目先の利益」を手放すことで得られる、かけがえのない「財産」
ほとんど何もしなくても、相手が自ら動いてくれる
相手を無理やり動かそうとしても、こちらが「消耗」するだけ

第2章 「ストーリー」が潜在意識を動かす 073

06
コツコツと築いた「影響力」こそが財産 074
「手っ取り早くインフルエンサー」になる方法はない
コツコツと「足し算」をするから、「掛け算」で大化けする瞬間が訪れる
「棚」に「餅」をたくさん置かなければ、「棚からぼた餅」は落ちてこない
まず「身近な人」から始めて、コツコツと「信頼関係」を蓄える

07
「自分のキャラクター」を打ち出す 082
「これが好き」と自己開示すると「親近感」が生まれる
「自分という存在」を、相手の心の中に入れてもらう

「キャラ」が立つと、会話の「ネタ」にしてもらえる
名前や肩書きではなく、「キャラ」で認知してもらう
「自分はこれが好き」と表現すれば、世界はどんどん広がる

08
「頑張る人」は「頑張る人」を応援する　090
鈍臭くても頑張る人には「パワー」が与えられる
誰もが思わず「応援したくなる人」とは？
自分の頑張りを上手に「演出」する
「頑張る人」は絶対に、「頑張る人」を応援してくれる

09
「ストーリー」が潜在意識を動かす　098
〝カッコわるいストーリー〟こそが「宝物」である
「数字」や「情報」だけでは、人の心は絶対に動かない
心のなかの「傷口」を、思い切って「開示」する
自分が「頑張る理由」を、深く深く掘り下げる
自分の〝カッコわるいストーリー〟こそが、かけがえのない「宝物」である

10 「ギャップ」がパワーを生み出す 108
「驚き」「疑問」が相手の気持ちを惹きつける
「ギャップ」があるから、人は「興味」「関心」をもってくれる
「ギャップ」の背後には、強く心を揺さぶるストーリーがある
希少価値も「影響力」の源になる
「ギャップ×ストーリー」で、相手の心の深いところに刺す

第3章 「説得力のある人」がひそかにやっていること 117

11 「小さな約束」を大切にする 118
「小さな嘘」が人間関係に〝致命傷〟をもたらす
「小さな約束」を軽んじると、大切なものを失う
「ささいなこと」の積み重ねが、強い「影響力」を生み出す
相手に「いい顔」をするのは、「不誠実」な態度である

12
絶対折れない「自信」のつくり方
「ポジティブ・シンキング」では説得力は生まれない
「自信のあるフリ」をしても、相手に見透かされるだけ
どんなときであっても、堂々としている人の秘密
「自分との約束」を徹底的に守り抜く
努力したという「事実」だけが、絶対折れない「自信」をつくり出す
126

13
相手が「話したいこと」を引き出す
相手の心を惹きつける会話に「話術」はいらない
会話力を磨きたければ、〝思い上がり〟を捨てる
「面」で話して、「点」を探す
相手の「感情」に徹底的に寄り添う
相手の「信念」へのリスペクトを示す
136

14 「褒める」より大切なこと

「褒めて人を動かす」という考え方が間違っている理由 146

「褒めて人を動かす」ことはできるのか?

相手の歓心を買おうとすれば、周囲の「軽侮」を受ける

「褒める」ことよりも、事実を「観察」することが大切

15 「逆風」を「追い風」にする方法

相手が怒ったら「絶好のチャンス」である 154

相手の「怒り」をテコに、「関係性」を深める方法

徹底的な「謝罪」は、「影響力」を生み出す武器である

身体の向きを変えれば、「向かい風」は「追い風」に変わる

16 「虎の威」はどんどん借りる

ただし、「自分の実力」を見失ったとき、すべては失われる 162

借りられる「虎の威」は、なんでも借りるべきである

社長や会社の「影響力」を活用して、価値を生み出すのが「仕事」である
「虎の威」を借りて、身を滅ぼす人が忘れていること
「感謝」の気持ちを見失ったとき、すべては崩壊してしまう

第4章 「影響力のある人」とのコネクションを築く——173

17 誰もが一目置く「実績」をつくる——174
「実績」こそが「影響力」の最大の源泉である
「実績」によって、確かな「影響力」が手に入る
「影響力」を手にしたときに、「危機」は忍び寄る
自分より「強い人」「すごい人」に圧倒されたほうがいい
ダイヤモンドは、ダイヤモンドでしか磨けない

18
心の中の「ハードル」を超える 184
「一流の人物」との関係値をつくるための鉄則
「時間」と「手間」をかけることで、相手の「潜在意識」を揺り動かす
「影響力」を手に入れるためには、常に、こちらが「先払い」する

19
予約の取れない店の「常連」になる 190
名店のオーナーの「影響力」と「人脈」を借りる
「予約の取れないお店」の常連になる〝とっておきの方法〟
オーナーが店内にいる飲食店の「常連」になる
個性的なオーナーの「影響力」と「人脈」を借りる
年商1兆円の「大物経営者」は、なぜ、動いてくれたのか？

20
「返報性の原理」を正しく活かす 200
「他者貢献」しても報われない人が勘違いしていること
「親切なのに嫌われる人」が、無意識でやっていること

「ギバー」になるために、「自己犠牲」は必要ない
「テイカー」と付き合うのをやめれば、それだけで「人生」は一変する

21
どんどん「他者の能力」に頼る
100人の能力を借りれば、「影響力」は100倍になる —— 208
ある人に「貢献」するために、誰かの「能力」を借りる
100人の「能力」を借りられれば、「影響力」は100倍になる
人々の「望み」や「課題」を知り、それを上手に結びつける

22
すべての人と「対等」に付き合う
一流の人物に「配慮」はしても「遠慮」はしない —— 216
「影響力」のある人物と付き合うときの〝落とし穴〟
〝エサ〟につられれば、「自信」や「誇り」を失ってしまう
「影響力」の有無にかかわらず、すべての人と「対等」に付き合う
年商数百億円の社長さんにも、率直に「自分の意思」を伝える

第5章 「影響力」を最大化する方法 227

23 人脈の「キーマン」はいらない 228
誰かに「生殺与奪」を握られない絶対戦略
「キーマン」に頼ることには、〃危うさ〃が伴う
「紹介される人」より「紹介する人」のほうが強い
交流会においても、キーマンの「影響力」が鍵を握る
キーマンに「生殺与奪」を握られてはならない

24 「人脈」を囲い込んではならない 238
誰かのために「人脈」を使えば使うだけ、「人脈」は増える
「影響力」を共有することで、お互いに「人脈」を広げる
常に「会わせたい人リスト」をつくっておく
「わらしべ長者」のように「影響力」は増幅していく

25
「影響力」には〝流れ〟がある 246
「影響力」の最上流へとどんどん遡っていく
「影響力」は、「上から下へ」と流れている
「常に上流へと遡る」ことで、「影響力」は最大化する
自分にとって「快適な環境」を飛び出すことが大切

26
自分の「ブランディング」をする 254
自分をハブとする「コミュニティ」を育てる
「コミュニティ」の存在が、僕に強い「影響力」を与えてくれた
「ご縁」をつなぐ相手を間違えてはいけない
「テイカー」が紛れ込むと、コミュニティが崩壊する
一対一で向き合って、相手の「価値観」を洞察する
「ギバーであろう」と努力する姿勢が大切

27
「影響力」の〝落とし穴〟を知る —— 264
自分の「影響力」に無自覚なのは〝害悪〟である
「自分はまだまだ」と思い知ることが大切である
「影響力」をめぐる、わかりにくいけれど深刻な問題とは？
自分の「影響力」がもたらす弊害に「臆病」であれ

28
「影響力を発揮したい」願望を捨てる —— 272
「価値」を純粋に追求する人こそが最強である
「影響力」の本質とは何か？
80歳の高齢者の何が、人々を動かしたのか？
「影響力を発揮しよう」という〝邪心〟を捨てる

あとがき 280

［装　丁］奥定泰之
［編集協力］前田浩弥
［ＤＴＰ］ＮＯＡＨ
［校　正］小倉優子
［編　集］田中　泰

第1章

影響力は「合気道」のようなもの

01

無力であることも「影響力」の源になる

ゼロから「影響力」を身につける〝たった一つの方法〟

The magic of influence

「影響力の磁場」と無縁に生きることはできない

この世は「影響力」の磁場《じば》である——。

僕は、そう考えています。小難しい表現ですが、言いたいことはシンプルです。**磁石の周りに鉄粉《てっぷん》を引きつける「磁場」が存在しているように、僕たち人間がつくるあらゆる集団や社会には、「影響力」の磁場が存在している**と思うのです。

これは、家庭、学校、会社から地域、国家、国際社会まで、すべての集団・社会に共通することではないでしょうか。

「影響力」の強い人物の周りに人々が集まり、その人物の意向を軸にしながらもの

ごとが動いていく。「影響力」の強い者同士が協力し合うことで、その集団の力が最大限に発揮されることもあれば、「影響力」の強い者同士が対立することで、周りの人々が翻弄《ほんろう》されることもあるでしょう。

このことは、学校や会社における人間関係を想起すれば、容易に納得していただけると思います。そして、あらゆる人間は、そうした**「影響力」の磁場と無縁に社会生活を送ることができない**と言えます。

つまり、そのような世の中で、できるだけ自分の思うように生きていきたいと願うならば、**「影響力」の磁場に飲み込まれるのではなく、それを上手に活用する術を身につける必要がある**ということです。

ところが、かつての僕がそうだったように、ほぼすべての人は、「影響力」がほとんどない状態から人生を歩み始めなければなりません。誰もが初めは無力なのです。その無力な状態から、どうやって自分の「影響力」を身につけ、増幅させていけばいいのか？　これは、多くの人が思い悩むことではないでしょうか。

もちろん、僕も悩みました。

というか、正直なところ怖気《おじけ》付きそうになったものです。

営業マンになって早々、次から次へと「断り」の連絡が入り、ついには連絡する相手すら尽きてきたときには、この広い世の中でポツンと孤立しているような感覚に襲われたものです。そして、自分の無力さを噛み締めるほかなかったのです。

だけど、今ならば、こう断言できます。

「この世に、影響力を発揮できない人はいない」

「どんなに無力な立場にある人でも、必ず影響力を発揮する方法はある」

極論かもしれませんが、産まれたばかりの赤ちゃんだってそうです。

赤ちゃんは自分ひとりでは、生命を維持することすらできない無力な存在です。しかし、赤ちゃんが両親に及ぼす「影響力」には、ものすごいパワーがあります。

赤ちゃんが泣き出せば、「ミルクがほしいのか」「お腹が減ったのか」「おむつを替えてほしいのか」「抱っこしてほしいのか」などと、**言葉の通じない赤ちゃんの気持ちを全力で推察するはずです。そして、なんとか機嫌を直してもらおうと、両親は右往左往する**わけです。

なぜ、こんなに強力な「影響力」をもつのか?

言うまでもなく、両親が赤ちゃんを心から愛しているからです。そして、極めて脆《もろ》い生命ですから、大切に大切に扱わなければならないとわかっているからです。つまり、**赤ちゃんは無力であるからこそ、強い「影響力」を発揮していると言うこともできる**わけです。

無力であることも「武器」である

無力であることも、「影響力」の源泉になりうる——。

これは、大人になってからも当てはまることです。

もちろん、赤ちゃんのように、泣くことで「影響力」を発揮するようなことはできません。しかし、**無力であることも、「影響力」の源泉となりうるという原理**に変わりはありません。

例えば、新卒入社の若者もそうです。

社会に出たばかりで、右も左もわからないうえに、その会社の仕事内容についてもほぼ何の知識もない。しかも、長年かけて築かれてきた社内の人間関係のなかにいきなり放り込まれるのですから、圧倒的に無力。誰かに頼らずには、仕事を進めることはできないと言っていいでしょう。

しかし、だからこそ「影響力」を発揮することができるとも言えます。

昭和の時代であれば、スパルタ式にしごく会社もあったかもしれませんが、今どきは、よほどのブラック企業でなければ、新入社員を大切に育てようという認識が社員に共有されているはずです。

であれば、**自分が「戦力になれていない未熟な存在である」という謙虚な姿勢で、「教えてください」「助けてください」とお願いすれば、ほとんどの上司・先輩は、「可愛いヤツだな」と思って、積極的に手を貸してくれる**はずです。この時点で、すでに新入社員は上司・先輩に対して「影響力」を発揮できているということになりますし、上司・先輩の「影響力」の庇護《ひご》のもとに入ることもできるわけです。

さらに、それに対して、「ありがとうございます」と感謝の気持ちを伝えれば、相手は喜んでくれるはずです。そして、「困ったことがあったら、いつでも声をかけてね」などと応じてくれるに違いありません。このようなコミュニケーションを重ねることで、**上司や先輩との信頼関係が築かれていき、その新入社員は社内における「影響力」を着実に身につけていくことができる**わけです。

自分の「現在地」を知ることが、「影響力」を生む第一歩

ここで大切なことが二つあります。

まず第一に、「影響力」というものを意識することです。

つまり、**どういう態度を取れば、相手の潜在意識においてポジティブな感情を抱いてもらえるかを意識する**ということ。先ほどの例に即して言えば、どうすれば上司・先輩が「助けよう」という気持ちになってくれるかを考えるということです。

初めから、「影響力」を上手に扱うことができる人などいません。

稀《まれ》に天才的とも言うべき才能を感じさせる人もいますが、おそらく彼らも試行錯誤を重ねることで、その才能を磨いてきたはず。**成功するために必要なのは「才能」で**

はなく、「意識する」ことです。「意識」が変わることで「行動」が変わり、「行動」が変わることで「相手の反応」も変わる。まずは「影響力」というものを意識しながら、自分の行動を律することが重要なのです。

そのうえで、第二に大切なのが、**自分の「現在地」をしっかりと把握することです。「現在地」とは、「自分がどういう存在であるか」という現状認識のこと**です。先ほども書いたように、新入社員であれば、「戦力になれていない未熟な存在である」というのが「現在地」となるでしょう。

この「現在地」を把握していれば、自然と、謙虚な姿勢で、「教えてください」「助けてください」とお願いするというスタンスが生まれるはずです。このように、**「現在地」に即した言動に徹することによって、上司・先輩は、自然と「可愛いヤツだな」「こいつを助けてあげたいな」と思ってくれる**わけです。

逆に、**「現在地」を見誤って、「上司・先輩なんだから、教えるのが当然でしょ」などと内心で思っていれば、そのことを上司・先輩は必ず感じ取ります。**

もちろん、相手は大人ですから、一応のことを教えてはくれるでしょう。しかし、それはあくまでも、上司・先輩としての「職務・義務」を遂行しているにすぎません。むしろ、**潜在意識のレベルでは、「なんか、この態度おかしくない?」「こいつ、なんか勘違いしてない?」などと違和感を覚える**に違いありません。

そして、新入社員がスタンスを改めない限り、いずれ、上司・先輩は彼(彼女)のことを疎《うと》ましく思い始めるはずです。その結果、その新入社員は「影響力」が削がれた状態で働き続けるほかなくなってしまうのです。

この世に、「影響力」を発揮できない人は存在しません。

どんなに無力であっても、必ず「影響力」を発揮する方法はあるのです。

ただし、そのためには、**「自分の現在地」をしっかりと把握することが欠かせません**。逆説的ではありますが、**「自分は無力である」「自分には影響力がない」ことを認めることが、「影響力」を生み出す第一歩**だと言えるのです。

02

「偽物の影響力」は自分を傷つける

「義務感」「恐怖心」などで人を動かすのは間違い

The magic of influence

自分の「目標達成」のために、やってしまった「痛恨の失敗」

僕には痛恨の思い出があります。

いま思い出しても、情けなくて、心が苦しくなるのですが、僕が「影響力」について考えるうえで、どうしても避けることのできないエピソードなので、恥を忍んで書き記そうと思います。

あれは、プルデンシャルに転職して数ヶ月後のことでした。

入社当初は、〝義理〟で保険に入ってくれる知人がいたおかげで、それなりの成績を収めていましたが、数字は先細る一方。知人のよしみで保険に入ってくれた人たちも、強引な営業をする僕にその知人を紹介してくれることはほとんどなかったからです。そして、新たに営業をするために連絡をする「見込み客リスト」が尽きてきたのです。

「このまま行ったら、終わる……」

そんな危機感に苛まれていた頃に、決定的なことが起きました。

当時、僕は週に3件の契約をお預かりするというKPI（重要業績評価指標）を自発的に設定していたのですが、その週は、契約を2件しかお預かりできずに日曜日を迎えていました。「なんとか目標を達成しなければ……」と焦っていた僕は、TBS時代の後輩に連絡をしました。保険に入ってもらおうと思ったのです。

彼は、日曜日の夕方にもかかわらず、僕と喫茶店で会ってくれました。

そして、このとき僕は、「最低」のことをしてしまいました。あろうことか、先輩と後輩の関係性を背景に、強引に契約に持ち込もうとしてしまったのです。

「僕は、まだ保険に入るつもりないんですよね」とやんわりと断ろうとする後輩に対して、「保険に早く入ったほうがいい理由」などをまくしたてて、彼の考え方の誤りをロジカルに指摘しました。

さらに、「契約するまで帰さない」と口にこそ出しませんでしたが、全身でプレッシャーをかけていました。僕はもともと頑丈な体格であるうえに、大学時代にはアメリカンフットボールで鍛え上げていましたから、後輩にはかなりの「圧」がかかったに違いありません。

そんな僕の相手をするのが、面倒臭くなったのでしょう。

彼は「諦め顔」でしぶしぶと契約書にサインしてくれました。

このとき、僕はおそらく満面の笑顔だったはずです。サインされた契約書を受け取りながら、「これでなんとかKPI達成や！」と内心でガッツポーズをしていたのですから……。

「人間」として拒絶されて、自分を見つめ直すようになる

しかし、その報いは、すぐに訪れました。

翌日出社すると、僕はマネージャーに呼び出され、後輩が会社にクーリングオフを申し入れてきたことを伝えられました。愕然《がくぜん》としました。マネージャーは多くを語りませんでしたが、「ライフプランナーとして、あってはならないことだ」と静かだけど決然とした口調で言いました。

もちろん、それもショックでした。しかし、それ以上にショックだったのは、謝罪をするために後輩に電話をすると、すでに「着信拒否」をされていたことです。何度かけても、二度と電話には出てくれませんでした。

要するに、僕は「人間」として拒絶されたということです。TBS時代にその後輩を可愛がっていたつもりで、ふたりの間には信頼関係があると思っていただけに、自分のしでかしたことに、打ちのめされるような思いがしました。

これは、僕にとっての「底打ち体験」だったように思います。

それまでにも、強引な営業で知人との人間関係が傷つく経験をしては落ち込んできましたが、そのたびに、「ドンマイ、気にするな。誰に何を言われようと、〝保険屋〟として生きるためには頑張るしかないんや」と自分に言い聞かせていましたが、いよいよそれもできなくなった。これ以上、人間関係を傷つけることに耐えられなくなり、自分を深く見つめ直すようになったのです。

「恐怖心」で人を動かすのは「偽物」の証拠

僕は先ほど、「影響力」について考えるうえで、このエピソードを避けることができないと書きました。

なぜ、避けることができないのか？　理由は簡単で、あのとき僕は後輩に対して「影響力」を使おうとしていたからです。しかも、根本的に間違った形で……。それは「偽物の影響力」と言ってもいいでしょう。この**「偽物の影響力」を全否定するところから、僕は「影響力の魔法」を磨き始めた**のです。

そもそも、あのとき僕はなぜ後輩を呼び出したのか？

当時、僕は「影響力」というものの存在を明確に意識はしていませんでしたが、TBS時代の先輩と後輩という「関係性」を背景にすれば、後輩に契約書にサインさせることができると考えたからにほかなりません。KPIに到達するために、最も「影響力」を及ぼしやすい相手を無意識的に選んでいたわけです。

TBS時代に、僕はその後輩を可愛がっていたつもりでしたし、仕事でもプライベートでもいろいろ世話をしてきたつもりです。だから、僕がわざわざ恩着せがましいことを口にするまでもなく、彼は僕の要請に応じなければならないという「義務感」のようなものを感じるに違いありません。

さらに言えば、体育会系の文化のなかで育ってきた僕は、上下関係には厳しくしていましたから、後輩である彼が先輩である僕に逆らうことに、「恐怖心」のようなものも感じるに違いありません。こうしたことを、明確に意識していたわけではありませんが、心の中でそのような計算をしていたことは否定できません。


これも、「影響力」です。

すでに述べたように、僕は「影響力」を、「潜在意識に働きかけることで、人を動かす力」と定義しています。そして、僕は、**後輩の潜在意識に生まれるであろう「義務感」や「恐怖心」をテコにして、「契約書にサインする」という行動に仕向けようとした。**つまり、「影響力」を使ったということであり、その場では、彼に「契約書にサインする」という行動をさせることに成功したわけです。

「偽物の影響力」は自分を傷つけるだけ

しかし、この〝成功〟こそが、取り返しのつかない「大失敗」だったのです。

僕は、何を間違ったのか？　いくつもの間違いがあると思いますが、**最大の間違いは、「義務感」や「恐怖心」など、相手にとって「不快な感情」を利用しようとした**ことだと僕は考えています。

たしかに、「義務感」や「恐怖心」などの感情をテコにすることで、相手が「本当はしたくない行動」を強いることは可能かもしれません。

しかし、当たり前のことですが、そのような「行動」を強いられた相手は、内心できわめて強い反発・反感をもつに決まっています。あのとき僕は、後輩の「クーリングオフ」に愕然としましたが、それも当然の結末だったのです。

つまり、その場では、相手を動かすことができたとしても、それは「偽物の影響力」にすぎないということ。そして、そのような「偽物の影響力」に頼って、一時の〝成功〟を得たとしても、それが永続することはありません。それどころか、最終的には自分を傷つける結果を招くだけなのです。

では、「本物の影響力」とは何か？

「偽物の影響力」の逆をやればいいのです。**相手の潜在意識において「親近感」「安心感」「好感」「共感」「信頼感」などのポジティブな感情を生み出し、相手が自ら喜んで行動を起こしてくれる**こと。これに成功することができれば、その成功は永続するでしょう。しかも、相手との間の人間関係も良好なものとなり、僕たちに幸福感をもたらしてくれるに違いありません。

このことに気づくきっかけを与えてくれたのは、あの後輩です。彼には、本当に不愉快な思いをさせてしまい、今もお詫びの気持ちでいっぱいですが、同時に、人生において大切なことを教えてもらえたことに、深く感謝しています。心から御礼をお伝えしたいと思っています。

03

「本物の影響力」は無限に増幅する

相手が自ら喜んで「こちらの望む行動」をしてくれる

The magic of influence

入社1年目の若者に学んだ「影響力」のパワー

「影響力」には、「本物」と「偽物」があります。

相手の「義務感」や「恐怖心」などの感情を刺激することで、相手が「本当はしたくない行動」を強いるのが「偽物の影響力」。これによって、たとえ一時は相手に対して「強制力」を効かせられたとしても、相手は内心で強い反発・反感を覚えているため、それが永続することはありえません。

一方、「本物の影響力」とは、相手の潜在意識において「親近感」「安心感」「好感」「共感」「信頼感」などのポジティブな感情を生み出すことによって、相手に自ら喜んで行動を起こしてもらうこと。相手は自ら喜んで動いてくれるわけですから、相手との関係性は一切傷つきません。それどころか、**一度、この「本物の影響力」を生み出すことができれば、それはどんどん増幅していく**のです。

僕は、そのことを周囲の人々から学んでいきました。

そのひとりが、僕の妻・明子。きっかけとなった出来事が起きたのは、後輩からクーリングオフの連絡を受けるなど、営業マンとして〝どん底〟の状態に陥っていた頃のことです。

当時、僕の妻は、知人に紹介された大学の女子ラクロス部のコーチをしていたため、妻を慕う在学生などが、ときどき我が家に遊びに来ていたのですが、ある日、「マリオ」というあだ名で親しまれている卒業生が、新入社員として働き始めたということで、報告をかねて妻を訪ねてきたのです。

彼女の就職先は、大手総合商社。「保険の営業先」という点では、喉から手が出るほどほしいつながりです。

そこで、恥を忍んで、僕が置かれている苦境について話すと、マリオは、「明子さんの旦那さまの頼みなら」と快く保険に入ってくれました。しかも、「同期や先輩に、旦那さまと話が合いそうな体育会系の人がたくさんいるから、紹介しますよ」と請け合ってくれたのです。

それは、〝安請け合い〟ではありませんでした。

本当に次々と同期や先輩と引き合わせてくれたうえに、彼女から紹介された人たちには、頼み込まれて仕方なく〝保険屋〟に会いにきたという雰囲気はみじんもありませんでした。それどころか、初対面である「僕」との出会いを楽しみにしてくれていて、「スポーツ」という共通の話題をきっかけに、みなさんとすぐに意気投合することができたのです。

そして、多くの方々が保険に入ってくれたり、知人を紹介してくれたりした結果、僕の営業先は瞬く間に増加。こんなことは、営業マンになって初めての経験でした。

「僕」という人間になんの変化もなく、「商品説明」自体はいつもどおりなのに……まるで「魔法」のように仕事がうまくいったのです。

これは、当時の僕にとっては驚くべき出来事でした。そして、「救世主」であるマリオに深く感謝するとともに、「なぜ、こんなことが起きたのか？」と自分なりに深く考えました。

「影響力」の正体とは？

なぜ、あのとき、僕の仕事はうまくいったのか？

そもそもの出発点は、妻・明子の存在です。僕がマリオから保険契約をお預かりすることができたのは、「商品力」のおかげでもなければ（そもそも各社の「保険」にそれほどの商品力格差があるわけではありません）、僕の「営業力」のおかげでもなく、ましてや僕の「人間力」のおかげでもありません。

ただひとえに、妻のマリオに対する「影響力」のおかげというほかありません。**マリオが妻のことを心から慕ってくれているからこそ、その「影響力」が僕にまで及んで、マリオは僕に対しても「力になってあげたい」と思ってくれた**わけです。つまり、僕は、妻の「影響力」を借りることで、仕事がうまくいくきっかけをもらったということです。

さらに、マリオの「影響力」も借りることができました。

彼女が職場の先輩や同期から「好感」や「信頼」を集めているからこそ、みなさんは〝保険屋〟にすぎない僕を、まるで旧知の知人のように扱ってくれたのです。

その結果、僕は、いつものように「無理やり説き伏せる」ようなヘマをすることなく、自然な流れで契約をお預かりしたり、知人のご紹介を受けたりすることができたわけです。

これに僕は、目を見開かされる思いでした。

妻はマリオに対する強い「影響力」をもっていましたが、それは、サークルの「コーチと部員」という関係性にあったからではありません。

我が家にマリオが遊びにきたときのふたりのコミュニケーションを思い浮かべれば、それは一目瞭然。僕が思い出すのは、マリオの話にじっと耳を傾け、親身になって相談に乗り、心を込めて励ます妻の姿であり、そんな妻を深く信頼した様子で、心を開いているマリオの姿です。ふたりの間には、**人間同士の「信頼関係」があったのです。**

そして僕は、その「信頼関係」こそが、「本物の影響力」の正体だと気づいたのです。

同時に、僕は心から恥ずかしくなりました。

なぜなら、妻とマリオの「関係性」が、僕とTBS時代の後輩との間の「関係性」とあまりにもかけ離れていたからです。

僕は、先輩と後輩という「上下関係」を利用して、無理やり後輩に「サインをさせよう」として大失敗をしましたが、妻とマリオの「信頼関係」は、第三者である僕に対してまでも「恵み」をもたらしてくれました。そこには、「偽物の影響力」が僕にもたらした、破壊的で殺伐とした世界とは180度異なる世界が広がっていたのです。

「本物の影響力」は、人生の可能性を「無限大」にする

さらに、僕にとって大きな発見だったのは、「本物の影響力」は次々と連鎖して、無限に増幅していくということでした。

僕にとって、マリオの先輩や同期は初対面。通常であれば、見ず知らずの〝保険屋〞として、ゼロから相手との関係性を築く努力をしなければなりません。しかし、マリオが彼らから「好感」や「信頼」を勝ち得ていたおかげで、僕は、**彼らの前に立**

った瞬間に〝単なる保険屋〟ではなく、「信頼できる人間」として認めてもらえたのです。

これは、ものすごく強力なアドバンテージです。**誰かの「本物の影響力」を借りることができれば、仕事は格段に成果を出しやすくなる**ということ。そして、僕がマリオの先輩や同期との間に「信頼関係」を築くことができれば、彼らの「影響力」をお借りすることで、さらに人脈を広げていくことができるはず。つまり、「本物の影響力」は無限に増幅させることができるわけです。

これは、「偽物の影響力」にはできないことです。

「本当はしたくない行動」を強いるようなことをする人間に対して、「自分の影響力」を貸そうとしてくれる人などいるはずがないからです。実際、営業マンとして壁にぶつかっていたあの頃、僕の歩いたあとは〝焼け野原〟になっていました。

クーリングオフをした後輩をはじめ、「僕という存在」を拒絶した人々はもちろんのこと、知人のよしみで保険に入ってくれた人の多くも、その知人を紹介してはくれなかったからです。そして、その最大の原因は、当時の僕が「本物の影響力」ではなく、「偽物の影響力」によって、相手を動かそうとしていたことにあったのです。

人生の可能性を狭める「偽物の影響力」と、人生の可能性を無限大にする「本物の影響力」。どちらを選ぶべきかは、考えるまでもないでしょう。問題は、どうすれば「本物の影響力」を生み出すことができるかということ。僕は、その技術を磨くために試行錯誤を開始したのです。

04

「For me思考」を克服する

相手を「利用」しようとすれば、すべては失敗する

「For me思考」が、「不信感」「反発」「反感」を生む

どうすれば、「本物の影響力」を発揮できるか？

そして、どうすれば「影響力」を増幅させていくことができるか？

僕なりに磨き上げてきたノウハウのすべてを、本書でご説明してまいりますが、その大前提として、どうしてもお伝えしておきたいことがあります。「これ」を身につけないまま、どんなに小手先のノウハウを振り回しても、「本物の影響力」を発揮することは絶対にできない。そんな、とても重要なポイントです。

それは何か？

〝Ｆｏｒ ｍｅ〟の思考法（以下、「Ｆｏｒ ｍｅ思考」）を克服することです。

「Ｆｏｒ ｍｅ思考」とは、「自分のために相手を動かす」という考え方のこと。この思考法を根っこから断たなければ、絶対に「本物の影響力」を手に入れることはできないのです。

当たり前のことです。

かつての僕のように、「自分の売上を達成するため」に、無理やりサインを迫ろうとする営業マンに対して、「好感」や「信頼感」をもつお客様などいるわけがありません。そんな**身勝手なことを求めてくる人間に対しては、誰だって「不信感」「反発」「反感」をもつに決まっている**からです。

いわば、**自分の目的を達成するために、相手を「道具」として利用しようとしているわけで、そんなことをされて喜ぶ人間はこの世にはいません。**それで、一時は相手を動かすことができたとしても、その成功は長続きせず、最終的には手痛いしっぺ返しを喰らう結果を招く。その恐ろしさを、僕は後輩のクーリングオフで叩き込まれたのです。

だから、僕は、あのとき「保険を売ろう」とするのを一切やめようと思いました。

それよりも大切なのは、**一人ひとりのお客様と丁寧に「信頼関係」を築き、その方に対してポジティブな「影響力」を及ぼせる存在になる**ことだと考えました。僕なりに、「For me思考」を克服しようとしたわけです。

そして、「保険を売ろう」とするのではなく、お客様が抱えていらっしゃる悩みや不安をしっかりとお聞きしたうえで、その解決に役立つ「保険をはじめとする金融に関する情報」を丁寧にお伝えする。

その結果、保険に入ってくださるかどうかは、お客様が決めること。このスタンスを徹底することができれば、お客様から「信頼」される存在になることができるはず。

それ以外に、営業マンとして生き残る「道」はないと思ったのです。

相手に伝わるのは、こちらが「潜在意識」で思っていること

それからは必死でした。

営業マンとして成功するためには、とにかくアプローチするお客様の「母数」を増

やすことが大事。そう考えていた僕は、営業マンになったときから、自分にハードワークを課していました。

お客様が会ってくださる時間帯――朝の9時から夜の9時くらいまで――はすべて外回りの営業に費やして、事務処理や提案書の作成などの自分の仕事は、夜の10時ごろに帰社してから夜中までかけて行うことにしていたのです。

しかし、これもすぐに限界に達しました。

夜中まで仕事をして家に帰ろうとすると、さらに睡眠時間が削られてしまうのです。長女はまだ幼く可愛い盛りで、妻も妊娠中でしたので、本当は飛んで帰って寝顔だけでも見たい。でも、それでは身がもたない。そこで、妻とも相談したうえで、帰宅するのは週末だけにして、平日は寝袋にくるまって会社の床で寝泊まりすることにしたのです。

そして、できるだけ多くのお客様と会うべく、日中は外を駆けずり回りました。

お客様と会うときには、もちろん、「保険を売ろうとしてはいけない」と自分に言い聞かせます。しかし、これが簡単なことではありませんでした。**自分では「保険を**

売ろうとしない」と意識しているつもりでも、潜在意識においては「売ろう、売ろう」と思っている。人間とは、度し難いほどエゴイスティックな存在なのです。

かつて、ある人物から〝面白い表現〟を聞いたことがあります。

「腹の出た男は、人前では腹を引っ込めているけど、周りの人が見ているのは、その男の気が緩んでいるときのだらしない腹なんだ」

まさに、これです。**相手に伝わるのは、僕が意識していることではなく、僕が「潜在意識」で思っていること。**この頃、僕は「潜在意識」というものの恐ろしさを徹底的に思い知らされたのです。

自問自答を繰り返して、「自分の根っこ」を見つめ直す

だから、**お客様と向き合うのは、自分と向き合う**ことでもありました。

自分としては、お客様の話を「傾聴」し、お客様の悩みや不安に「共感」し、お客様のために「親身」になって考えているつもりなのに、お客様からの「信頼」を得ら

れない。まったく「影響力」を発揮することができない……。

なぜだ？　そう自問自答すると、結局のところ、僕が腹の底では「保険を売ろう」「自分が得をしよう」と、「For me思考」が働いているからだと認めるほかはありません。お客様との商談のたびに、そんな自問自答を繰り返しながら、自分の一挙手一投足を改めるとともに、少しずつ**自分の根っこを見つめ直す作業**をやっていたように思います。

努力の甲斐なく、どれほどの人数のお客様から拒絶されたかわかりません。だけど、そんな自問自答のなかで、少しずつ「For me思考」から離れていくことができたのだと思います。ある時期を境に、お目にかかるお客様から好意的な反応を返していただけるケースがどんどん増え始めたのです。

かつて、無理やり説き伏せるようなことをして、知人との関係性を傷つけていた頃とはまったく違って、**自然な会話の流れのなかで、「わかった。君のすすめる保険に入るよ」「あなたに紹介したい人がいる」などといった言葉をかけてもらえるようになりました。それは、劇的な変化だったように思います。**

もちろん、その間、僕なりに、相手の「潜在意識」に働きかける技術を磨いてはいましたが、おそらく、それが僕に起きた変化の本質ではないと思います。

というのは、僕が営業を受ける側に立ったときに、コミュニケーション技術に長けた営業マンであっても、「この営業マンは信用できない」と直観することがあるからです。つまり、**小手先の技術だけで、相手を騙すことはできない**ということ。自分の潜在意識において「Ｆｏｒ ｍｅ思考」を遠ざけることができたときにはじめて、技術にも命がこもるのだと思うのです。

これは、営業に限った話ではありません。

例えば、部下の行動変容を促そうとするときも同じです。

上司がどんなに的確なアクション・プランをもっていたとしても、潜在意識において、「自分の出世のために部下を動かしたい」「自分が評価されるために部下を利用したい」などといった「Ｆｏｒ ｍｅ思考」が強ければ、それを部下は敏感に察知するでしょう。

そして、その上司の働きかけに対して直観的な違和感をもち、反発や抵抗を企てるようになるに違いありません。**部下を動かすためには、まず、自らのうちにある「Ｆ**

or me思考」を克服することが欠かせないのです。

ただし、「For me思考」を完全に捨てるなどと言えば、それは嘘になります。人間はどこまでいってもエゴイスト。「For me思考」を完全に捨てることができる人間などいるとは思えません。そして、**相手は必ず「嘘」を見破り、「嘘つき」のことを信用することはありません。**

だから、「For me思考」を捨てようなどと大それたことは考えないほうがいい。「For me思考」はあっていいのです。大事なのは、〝For me〟だけではなく、相手のこと、チームのこと、組織のこと、社会のことも本気になって考えること。**「自分のため」でもあるけれど、周りにとってもプラスになることを本気になって追求することで、「For me思考」を克服していくことができる**のです。

05

影響力は「合気道」のようなもの

「相手の力」を活かして、「楽」に仕事を動かす

The magic of influence

「For me思考」を克服すると、なぜ「楽」に結果を出せるのか?

「For me思考」を克服する——。

こう書くと、すごくストイックな印象をもたれたかもしれません。

僕自身、営業マンとして「売ろうとする」のをやめるのには、当初、たいへんな抵抗感がありました。それまで一生懸命「売ろう」と頑張っていた自分を否定することにほかなりませんし、そもそも、「売ろうとせずに売る」のは、ものすごく高度なテクニックを要することのように思えたからです。

それに、「欲」もありました。僕は完全フルコミッションの営業マンでしたから、少しでも自分のコミッションの大きな商品をすすめたくなるのです。この「欲」を克

服するためには、ものすごくストイックである必要があるように思えたのです。

しかし、これが大いなる勘違いなのです。

それを、僕は実体験によって学びました。実際には、**「For me思考」を克服することによって、ものすごく「楽」に結果を出すことができるようになる**のです。どういうことか？　僕が経験したエピソードをご紹介しながら、そのメカニズムをご説明したいと思います。

あれは、後輩によるクーリングオフから数ヶ月後、「本物の影響力」を身につけるべく試行錯誤をしながらも、成績は〝ジリ貧〟を続けていた頃のことです。

初めてお目にかかるお客様と面談をする機会をいただいたのですが、お話を伺うと、その方は、すでに他社の生命保険に加入されていることがわかりました。正直、がっかりしましたが、まだ諦めるわけにはいきません。他社と交わした保険契約の内容がよくないものであれば、もっとよい保険をご提案することができるからです。

しかし、見せていただいた既契約証券は、その方にとって過不足のない、非常によくできたものでした。その方の説明を聞きながら、喉から手が出るほどほしい「売上」が、どんどん遠ざかっていくのを感じていました。

そして、僕の中には、ある欲求が生まれていました。

僕は保険や金融のプロフェッショナルです。あれこれ理由をつければ、自社製品に切り替えてもらうチャンスを生み出すこともできます。お客様は金融知識に乏しいため、どうにか言いくるめることは可能なのです。

だけど、それを制止する自分もいました。その自分は、僕に「これ、誰の保険？」と問いかけました。答えは決まっています。この保険は、僕の保険ではなく、お客様の保険です。だったら、余計なことをしたらアカン。無理やり「売ろう」としたって、嫌われるだけやで……。

「目先の利益」を手放すことで得られる、かけがえのない「財産」

おそらく数秒のことだったと思いますが、そんな葛藤を経て、僕は、お客様にこうお伝えしました。

「その保険、すごくよいと思います。いい保険に入られてますね」

一瞬、僕の胸に痛みが走りました。

これで、「売上」がなくなったことが確定したからです。

だけど、「ほんとですか？　プロにそう言ってもらえると、すごく安心できますね」と喜ぶお客様の顔を見ると、こちらも嬉しくなりました。そして、「Ｆｏｒ　ｍｅ思考」を克服できたような気がして、清々《すがすが》しいような気持ちにもなりました。とはいえ、このときは契約をお預かりできなかったので、がっかりしたというのも正直な心情ではありました。

しかし、話はこれで終わりませんでした。

それから、しばらく経ってから、そのお客様からこんな連絡をいただいたのです。

「この間は、僕の保険について、親身に相談に乗ってくださって、ありがとうございました。でも、金沢さんはご自分の保険を売りたいはずだから、なんか申し訳ないと思って、保険に入ることを検討している知人がいないかなとアンテナを張っていたんですよ。そしたら、いたんです。ちょっと会ってもらえませんか？」

これは嬉しかった。

「Ｆｏｒ ｍｅ思考」に囚われた営業ばかりしていたために、僕の歩いたところは〝焼け野原〟になっていましたが、ついに自発的に新規のお客様を紹介してくれるお客様が現れたのです。当時、八方塞がりの状況に置かれていた僕でしたが、かすかな光明を見出した瞬間でした。

ほとんど何もしなくても、相手が自ら動いてくれる

同時に、僕はすごく重要なことにも気づきました。

というのは、**新規のお客様をご紹介いただくために、僕はほとんど何もやっていないからです。**

あのとき、僕はただ、僕なりにお客様の「お役に立とう」としただけです。にもか

かわらず、そのお客様はわざわざ、僕のために「保険に入ることを検討している知人」を探してくださったのです。「これって、すごいことではないか」と思わずにはいられませんでした。

なぜ、お客様はそんな手間をかけてくださったのか？

僕がその方の悩みや不安に耳を傾けたうえで、その方がすでに入っている保険をプロとして診断して、「いい保険です」とお墨付きを出したわけですが、それをとても喜んでくださり、「感謝の気持ち」をもってくださったからに違いありません。

そして、「保険の営業マンである僕」から保険に入らなかったことに対して、「潜在意識」において〝申し訳なさ〟を感じてもくださった。だからこそ、**僕に対して「何か〝お返し〟をしたい」と思われ、自らの意思で僕のためにわざわざ動いてくださったのです。**

これはまるで、合気道のようなものではないでしょうか。

合気道とは、**相手の力に逆らうのではなく、相手の力を借りることで、相手を動かす武道**だと僕は理解しています。これと同じように、相手の潜在意識においてポジティブな感情をもってもらうことができれば、相手が自発的にこちらのために動いてくださるのです。

相手の力に逆らうのではなく、相手の力をお借りするのですから、こちらが余計な力をこめる必要などありません。**「Ｆｏｒ ｍｅ思考」から離れて、相手の「お役に立とう」とすれば、自然と、相手は力を貸してくれるようになる**のです。つまり、「本物の影響力」を発揮できるようになれば、ものすごく「楽」に結果を出すことができるようになるということです。

相手を無理やり動かそうとしても、こちらが「消耗」するだけ

一方、「偽物の影響力」は過酷です。

ＴＢＳ時代の後輩にクーリングオフをされたときのことを思い出せば、それは簡単に理解できます。

あのとき、僕は、「Ｆｏｒ ｍｅ思考」に囚われて、後輩に無理やり契約書にサインをさせようとプレッシャーをかけるようなことをしてしまいました。いわば、嫌がる

相手を力付くで押さえ込もうとするようなもの。相手に不愉快な思いをさせるだけではなく、僕自身にも精神的に多大な負荷がかかっていました。

しかも、そのときは相手を押さえ込むことができたとしても、いつか必ず相手から反撃を受けます。**「偽物の影響力」に頼っている限り、自分にものすごい負荷をかけながら、長期的にはほとんど得るものがない**（むしろ、失うものが多い）という事態を自ら招くわけです。

皮肉めいた言い方になりますが、実に〝ストイックな働き方〟と言えないでしょうか。そんなしんどい生き方から卒業するためには、「本物の影響力」を学ぶ必要があるのです。

「For me思考」を克服すれば、「本物の影響力」が手に入ります。

そして、「本物の影響力」を発揮することができるようになれば、周囲の人たちがあなたのために力を貸してくれるようになります。もしも、あなたの能力が十分ではなかったとしても、周囲の人たちが、あなたを成功させるために「道」を切り拓いてくれるのです。

この根本原理を踏まえて、第2章からは、「本物の影響力」を生み出すための、個別具体的なノウハウを詳しくご紹介してまいります。繰り返しになりますが、そのノウハウを活かすためには、「Ｆｏｒ ｍｅ思考」を克服する必要があることを忘れないでください。それこそが、すべての根源なのですから。

第2章

「ストーリー」が潜在意識を動かす

06
コツコツと築いた「影響力」こそが財産
「手っ取り早くインフルエンサー」になる方法はない

The magic of influence

コツコツと「足し算」をするから、「掛け算」で大化けする瞬間が訪れる

今の時代、「影響力」という言葉から真っ先に連想されるのは、「インフルエンサー」という言葉かもしれません。

ご存じのとおり、インフルエンサーとは、有力ユーチューバーのように、世間や人々の思考・行動に大きな影響を与える人物のことですから、まさに「影響力の魔法」の最強の使い手と言えるでしょう。

そして、もしかすると、本書を手に取ってくださった方の中には、「手っ取り早くインフルエンサーになる方法」が書いてあると思った方もいるかもしれません。

しかし、その方々には申し訳ないのですが、それは本書がめざすものではありませんし、おそらく、そのような方法など存在しないか、存在したとしても、ほんの一時成功する方法に過ぎないのではないかと僕は考えています。

もちろん、僕自身は、いわゆるインフルエンサーではありませんから、本当のところはわからないのかもしれません。

ただ、僕は、有力ユーチューバーやテレビなどで長期間にわたって影響力をもつ著名人ともお付き合いをさせていただいていますが、そうした方々の生き様を見ていると、**「手っ取り早くインフルエンサーになった」という人は皆無**と断言できます。

むしろ、みなさんに共通しているのは**「コツコツ積み上げる」という姿勢**です。

例えば、ある有力ユーチューバーが、その知名度を劇的に上げたのはテレビ出演で注目を浴びたのがきっかけでした。テレビで築いた知名度を背景に、ユーチューバーとしての地位を確立されたのです。

いわば、「テレビ出演」というビッグ・チャンスをものにすることで飛躍的なステップアップを実現したわけですが、これは決して「手っ取り早くチャンスを掴んだ」

ということではありません。

事実は、全くの逆。その方は、テレビ出演というチャンスを掴むまでに、無数とも言うべき人々に会って、自分のもつ能力を伝えるとともに、彼らとの信頼関係を築き続けました。**「こいつはなかなか面白い」「こいつは信頼できそうだ」「こいつにチャンスを与えてみたい」と思ってくれる人の「母数」を増やし続けた**のです。

そして、そうやってコツコツと「母数」を増やし続けるうちに、そのなかのひとりの人物が彼をテレビ関係者に紹介。そこから、彼にビッグ・チャンスが訪れ、彼は、そのチャンスをものにしたわけです。

傍目には、テレビ出演によって彼が手っ取り早くチャンスを掴んだように見えるのですが、その背後には、彼がコツコツと増やし続けた信頼関係の膨大な「母数」があったのです。

つまり、目の前の人に対する「影響力」をコツコツと「足し算」することによって、千載一遇のチャンスが訪れ、一気に「影響力」を高めるような「掛け算」が起きるということ。これは、僕がお付き合いさせていただいているインフルエンサーに共通することですし、僕が営業マンとして体験したことにも通じる「真理」だと思うのです。

「棚」に「餅」をたくさん置かなければ、「棚からぼた餅」は落ちてこない

僕の経験をお伝えしましょう。

第1章で書いたように、僕は、TBS時代の後輩によるクーリングオフをきっかけに、「For me思考」を克服するとともに、営業スタイルを抜本的に改める努力を始めました。一言で言うと、「売ろうとするのをやめる」ということ。それよりも、お目にかかるお客様から、「こいつは信頼できそうだ」「こいつと付き合っておこう」などと思ってもらえることこそが営業の目的だと思い定めたのです。

そのときはご契約いただけなかったとしても、「保険に入るなら、金沢から入ろう」と思っていただければ、その方が「保険に入ろう」と思われたときには、真っ先に僕に連絡をしてくださるはずです。あるいは、その方の親族や知人に保険が必要な方がいたら、僕を紹介しようと考えてくださるに違いありません。

もちろん、保険に入ってくださるのは、1年後かもしれないし、5年後かもしれないし、10年後かもしれません。もしかしたら、ずっと入ってくださらないかもしれない。だけど、それでいいんです。とにかく、**「僕という人間」を信頼してくださる方々――ささやかではあっても「本物の影響力」を及ぼすことができる方々――の「母数」を増やすことが大切だと腹をくくった**のです。

そこには、僕なりの計算もありました。

営業は「確率論」です。「僕という人間」を信頼してくださる方の「母数」が増えれば、無理に「売ろう」としなくても、必ず、僕に「保険に入りたい」と連絡をくださる件数は増え、成約件数が増えていくはずだと考えたのです。

「棚からぼた餅」という言葉がありますが、「ぼた餅」が定期的に落ちてくるように、「棚」にせっせと「餅」を並べておくイメージです。「あいつは〝棚からぼた餅〟でラッキーだな」と考える人もいますが、実は、**コツコツと「餅」を並べている人間にしか「ぼた餅」は落ちてこない**のです。

そして、この思考は大正解でした。その後、コツコツと「母数」を増やし続けることによって、たしかに成約件数が増加。営業マンになって早々、大きな壁にぶつかったのが嘘のように、入社1年目にしてプルデンシャルの個人営業部門で国内ナンバー1の成績を収めることができたのです。

まず「身近な人」から始めて、コツコツと「信頼関係」を蓄える

ただ、想定外のことも起きました。

想像もしてなかったような「幸運」が訪れたのです。

営業マン1年目のときに、ある人物に紹介された若い起業家とのエピソードをご紹介しましょう。

最初にお目にかかった頃、その方のビジネスはまだ軌道には乗っておらず、悪戦苦闘が続いている状況でした。それもあって、保険には入ってはいただけなかったのですが、僕は、その方のビジネスに好影響を及ぼしそうな事業家や経営者を紹介するなど、お付き合いを続けていました。

すると、ある時、彼からこんなメールが送られてきました。

「今期の利益がとんでもないことになりそうなんです。決算対策をしたいんで、相談に乗ってください」

お目にかかってお話を伺うと、ずっと仕掛けていたビジネスがついに軌道に乗って大ブレイクしたと言います。

そして、「金沢さんには、いろんな方をご紹介いただいて、そのおかげでチャンスを切り拓くことができました。本当にありがとうございます」とお礼を言われたうえで、高額の保険契約をお預かりすることができたのです。まさに、彼に対する影響力が「形」となって現れたと言ってもいいでしょう。

しかも、起業家として成功を収めた彼は、僕に次々と親交のある経営者などを紹介してくれるようになりました。そのおかげで、営業マンとしての僕の人脈は劇的に拡大し、僕の「影響力」も格段にパワーアップしていったのです。

当初、僕はこんなことが起きるとは思っていませんでした。

しかし、こうした「幸運」は何度も僕のもとに訪れました。コツコツと「足し算」で「母数」を積み上げていると、あるとき思わぬ形で「掛け算」が起きるのです。

100の「母数」で1回の「掛け算」が起きるとすれば、「母数」を1000に増やせば、「掛け算」は10回起きると言えるかもしれません。また、1の「母数」に100を掛けると100ですが、100の「母数」に100を掛けると10000にもなります。とにかく「母数」を「足し算」で積み重ねることが重要であり、そのことにより「掛け算」する機会も増え、いざ「掛け算」するタイミングがきた時には、より大きなレバレッジを効かせることにもなるのです。

だから、僕は、**「手っ取り早くインフルエンサーになる方法」や「手っ取り早く影響力を増幅させる方法」を求めるのではなく、まずは、身近な人から始めて、コツコツと信頼関係の「母数」を増やしていくことが大切**だと考えています。そして、「本物の影響力」を及ぼすことができる相手を増やしていくことができれば、いつか必ず、「影響力」を劇的に増幅させるチャンスが訪れるのです。

07

「自分のキャラクター」を打ち出す

「これが好き」と自己開示すると「親近感」が生まれる

The magic of influence

「自分という存在」を、相手の心の中に入れてもらう

相手との心理的な距離を近づける――。

これは、「影響力」を身につける第一歩です。相手との距離が遠いのに、その潜在意識に働きかけることなど不可能。別の言い方をすれば、**「自分という存在」を、相手の心の中に入れてもらわなければならない**のです。

そのために、僕はいろいろな工夫をしてきましたが、ここでは、「自分のキャラクターを打ち出す」という方法をご紹介します。僕の場合、「金沢景敏＝ピンク色」というキャラを確立しているのですが、そのおかげでずいぶんと得をしてきたのです。

僕は子どもの頃は「赤色」が好きでした。

「ゴレンジャー」などの特撮戦隊モノでは、必ず「赤」が主役。子どもの頃から自己顕示欲の塊で、目立ちたがり屋だった僕は、主役の象徴である「赤」に強い憧れを感じていたのだと思います。

ところが、高校生になって、甲子園球場に阪神タイガースの応援をしにいくようになって、赤よりもさらに目立つ色に出会います。それが「ピンク」でした。球場に詰めかけた若いファンは、ショッキングピンクの法被《はっぴ》を着ていて、それがものすごく華やかに見えたのです。それ以来、身につけるもののどこか一部には、「ピンク色」を必ず入れるようにしてきました。

ただ、プルデンシャルに転職して「営業マン」になった当初は、さすがにピンク色のものを身につけるのはやめました。ピンク色のものを身につけている営業マンでは、お客様に「信頼感」をもっていただけないと思ったからです。

そこで、僕は「結果を出している営業マン」のマネをすることにしました。

圧倒的な営業成績を叩き出している保険営業マンの本で推奨されている服装を、そのまま身につけたのです。紺のスーツに、白シャツ。黒革ベルトに黒革靴。時計は黒革ベルトに白のフェイス。髪型は、横は刈り上げ……。ピンクの「ピ」の字もないスタイルに切り替えたわけです。

実際、このスタイルは清潔感と信頼感を相手に与える効果があるため、営業マンとして活動するうえでは最適であることを実感。これも、ひとつの「影響力」。必ずしも、自分の好みのスタイルではありませんでしたが、その服装をユニフォームのように身につけるのが習慣となっていました。

「キャラ」が立つと、会話の「ネタ」にしてもらえる

しかし、営業マンとして結果が出るようになると、少しずつ「自分の色」を出してみたいと思うようになりました。

そして、ネクタイをピンク色に変更。しかも、普通のピンクではなく、阪神タイガースの法被と同じショッキングピンクのネクタイです。さらに、ペンケースやカフス

などの小物もピンク色のものにしました。自分の好きな色ということもありますが、そうすることで**お客様との会話の「ネタ」にできる**ような気がしたからです。

実際、効果はすぐに現れました。

ショッキングピンクのネクタイは目立ちますから、「ピンクお好きなんですか？」と尋ねてくださるお客様がいらっしゃるのです。

もちろん、ネクタイだけではツッコんでくださらない方もいますが、かばんからピンクのペンケースを取り出し、ボールペンもピンク色、手帳もピンクのものが出てくるのを見ると、さすがにクスッと笑ってくださいます。

そして、「ピンクお好きなんですか？」という質問に対して、「そうなんですよ。僕は大阪生まれで阪神タイガースの大ファンなんです。タイガースファンのピンクの法被の影響で……」などと応えることで、**自然な形で自己紹介をする**ことができますし、そのあと出身地やプロ野球、あるいは好きなスポーツの話に展開していくこともできます。

あるいは、「子どもの頃、赤レンジャーに憧れてまして……」といった話をすれば、初対面なのに、いきなり幼少期の思い出話を交わすことができるかもしれません。**そんな話で盛り上がることができたら、「お客様と営業マン」という関係性から、一気に距離を縮めることができる**というわけです。

名前や肩書きではなく、「キャラ」で認知してもらう

こんなこともありました。

ある社長さんに教えてもらったのですが、その方が秘書の女性に「プルデンシャルの金沢さんに、この資料を送ってください」と頼んだところ、「金沢さん？ どなたでしたっけ？」という表情を浮かべたので、「あ、あのピンクゴリラだよ」と言ったら、「ああ、あの方ですね！」と一瞬で通じたというのです。

「ピンクゴリラ」とは失礼ですが（笑）、僕自身、身体の大きい自分を「ゴリラ」と自称しているので文句は言えません。

それよりも重要なのは、僕の名前や肩書きではなく、「ピンクゴリラ」というキャラクターで認知してもらえたという事実です。つまり、**印象に残るキャラクターを打ち出すと、「僕という存在」を認知してもらいやすい**ということです。

それに、その会社を訪問するときに、「こんにちは、ピンクゴリラです！」と笑顔で挨拶すれば、その秘書さんも心から笑ってくれます。それだけのことでも、秘書さんとの距離感を一挙に縮めることができるのです。

そして、秘書さんとの関係性を築くことができると、社長さんと急なアポイントが取りたいときに融通を利かせてもらえるなど、何かと助けてもらうこともできます。しかも、このように**自分の秘書とも良好な関係性を築く僕に対して、社長さんは好印象をもってくれる**はずです。

このように、「ピンクゴリラ」というキャラクターを認知してもらうことを起点に、僕の「影響力」をどんどん増幅させることができるわけです。

「自分はこれが好き」と表現すれば、世界はどんどん広がる

もちろん、これは僕のケースです。

僕は、好きな色である「ピンク」で自分のキャラクターを打ち出しましたが、打ち出すキャラクターは人によってさまざまでしょう。

僕の知人でディズニーランドが大好きな男性がいましたが、彼は、いつもミッキーマウスなどのキャラクターのネクタイを着用しているほか、ボールペンやクリアファイルもディズニーのものを多用していました。

彼は、ディズニーランドの近くに引っ越すほどの〝筋金入り〟で、本当に好きだからディズニー・グッズで身を固めていたのですが、僕が見るところ、「ディズニー好きのおじさんキャラ」としての認知を確立。**仕事上の関係者との心理的な距離も近く、多くの人々の協力を取り付けながら、上手に仕事を進めていた**ように思います。

このように、単に真面目に仕事に取り組むだけではなく、**「自分はこれが好き」と**

いうことを積極的に表現することで、「自分のキャラクター」を打ち出すことには大きな意味があると思います。

何も恥ずかしがることはありません。もちろん、TPOをわきまえる必要はありますが、思い切って「自分はこれが好き」と表現すればいいのです。それがあなたの「自己開示」であり、その**「自己開示」を起点に、他者とのコミュニケーションが始まる**からです。そこから、世界はどんどん広がっていくのです。

The magic of influence

08

「頑張る人」は「頑張る人」を応援する

鈍臭くても頑張る人には「パワー」が与えられる

誰もが思わず「応援したくなる人」とは？

とにかく頑張る――。

これも、ゼロから「影響力」を生み出す重要なポイントです。

なぜなら、**人間だれしも、何かに一生懸命、全力を尽くしている人がいれば、思わず「応援」したくなる**からです。本気で頑張っていれば、ただそれだけで、相手の潜在意識にポジティブな感情を呼び起こすことができるのです。

運動会のかけっこを思い出してください。

足の速い子どものなかには、ぶっちぎりの一位を確信すると、ゴール前でスピードを緩める子もいましたよね？　実は、身体能力に恵まれていた僕は、よくそんなことをやっていました。正直に言えば、余裕でゴールを切る自分が「かっこいい」と思っていたのです。

だけど、自分が親になって、子どもたちの運動会に行くようになると、かつての僕のように余裕で一等を取る生徒よりも、びりっけつでも一生懸命に走っている生徒に目がいくようになります。

おそらく、**人間としてさまざまな経験を積むなかで、能力や才覚や運などに恵まれず、どんなに頑張っても結果を出すことができない「悔しさ」や「辛さ」を身をもって学んだ**からでしょう。びりっけつでも頑張る生徒のことを、我がことのように感じて、思わず「頑張れ！」と応援していることに気づくのです。

これは、仕事においても同じです。

どんなに鈍臭かったとしても、仕事に一生懸命に取り組む人がいれば、周囲の人々は「何か力になってあげたい」「なんとか結果が出せるようにしてあげたい」「この人が結果を出して、心から喜んでいる姿を見たい」などと思ってくれます。

そして、力を貸してくれたり、貴重な情報を教えてくれたり、重要人物を紹介してくれたりといったサポートをしてくれるようになります。つまり、周囲の人々を動かす「影響力」が与えられるのです。

自分の頑張りを上手に「演出」する

この「影響力」のパワーを、僕は営業マンとして実感してきました。

というのは、すでに述べたように、僕は、当時、めちゃくちゃなハードワークを自分に課していたからです。そして、**自分がどれだけ一生懸命に仕事に取り組んでいるか、できる限りお客様に伝えるようにしていました。**

もちろん、こんな話を無理やりしても、お客様に聞いてはいただけませんが、「自分がなぜ、この仕事をしているのか?」「どんな思いで、仕事に取り組んでいるのか?」といった自己開示を行う一環としてお伝えすると、ほとんどのお客様は真剣に耳を傾けてくださいました。

そして、お客様の僕に対する接し方がさまざまと変化するのを感じました。

当時の僕は、朝の9時から夜の9時までは外回りの営業に駆けずり回り、事務処理や提案書の作成などは夜の10時ごろに帰社してから夜中までかけて行うことにしていました。
そのために、帰宅するのは週末のみ。平日は、毎日寝袋にくるまって会社で寝泊まりする毎日を送っていたのです。その事実を包み隠さずお伝えすれば、それだけで「本当ですか?」「そこまでやる人間がいるんだな?」と誰もが驚きを隠しませんでした。

ちょっとした「演出」もしました。
例えば、次回のアポイント調整をするときには、手帳の中身をわざとお見せしていました。ぎっしりと予定の書き込まれた手帳をお見せすることで、アポイントを直前に変更するのは僕にとって〝酷〟であると認識していただくという狙いもありましたが、それ以上に、「こいつは本当に頑張っている」と認識していただきたかったからです。

あるいは、僕は、夜中にお客様にメールを用意しても、すぐに送るのではなく、わざと寝る直前の深夜2~3時に送ったり、起きてすぐの早朝6~7時に送るようにしていましたが、それも、僕が頑張っている様子を効果的に見せるためでした。

まぁ、いわば少し〝盛った〟わけですが、事実の「捏造《ねつぞう》」ではなく、あくまで事実をベースとした「演出」です（「事実の捏造」は信頼を失うので絶対にやってはなりません）。

このように**自分をよりよく見えるように「演出」することは、「影響力」を生み出すうえで有意義**なことだと思いますし、後日、「演出」であったことを伝えたとき（つまり、タネ明かしをしたとき）にも、ほとんどの方から〝茶目っ気〟の現れとして、好意的に受け止めていただけました。

「頑張る人」は絶対に、「頑張る人」を応援してくれる

とはいえ、言うまでもありませんが、本質的に重要なのは、本当に「一生懸命に頑張る」ことです。**本当に一生懸命かどうかは、結局のところ、滲み出るように相手に伝わっていく**のです。

このことを、近年、僕は実感するようになりました。

僕のもとには、多くの営業マンから「営業の真髄を教えてほしい」という声が寄せられるようになりましたが、時間は限られているので、そのすべてに応じることはできません。だから、誰と会うかを選ばなければならないわけです。

そして、ここで最終的に効いてくるのが、相手とのやりとりのなかで滲み出てくる「本気」「一生懸命」です。僕自身、営業マンとして「これ以上は無理」というレベルで頑張りましたから、相手の「本気」「一生懸命」は動物的な感覚として感じとることができます。

メールのやりとりだったとしても、その文面、言葉の選択、返信のあるタイミングなどから、必ず伝わってくるものがあります。電話で話すことができれば、その声音や抑揚《よくよう》から、多くの情報を得ることができます。そこに宿る「本気」「一生懸命」にリアリティが感じられたときに、はじめて「会おう」という意思決定ができるのです。

僕が駆け出しの営業マンだった頃の、お客様も同じような感覚だったのではないかと思います。

つまり、僕が、「毎日寝袋にくるまって会社で寝泊まりしている」ことなどを伝えたこと以上に、**僕とのやりとりのなかで滲み出る「本気」を感じ取ってくださったからこそ、僕を応援してくださった**。そして、僕から保険に入ってくださったり、知人をご紹介してくださったりしたのだと思うのです。

これは、お客様に限ったことではありません。

上司や同僚などあらゆる人間関係においても同じこと。ゼロから「影響力」を生み出すためには、とにかく一生懸命に頑張ることが大切です。どんなに鈍臭くても、本気で頑張る人には、多くの人が力を貸してくれます。そして、**多くの人々のサポートを得られるからこそ、「結果」が格段に出やすくなる**のです。

もちろん、いつの世にも、「頑張る」ことを冷笑する人がいるのも事実。僕も、これまでどれだけ冷笑されたかわかりません。それに、頑張ったからといって、必ずしも応援してもらえるわけでもありません。必死の努力が無駄に終わることは、普通にあることなのです。

だけど、これだけは覚えておいてほしいと思います。

「頑張っている人」は、絶対に「頑張っている人」を応援してくれます。

そして、**この世で成功している人は、絶対に「頑張っている人」**です。つまり、本気で頑張っていれば、いつか必ず、「成功者」に見出してもらえるということ。そして、「成功者」の応援を受けて、あなたも「成功」に向けて追い風を受けるようになるのです。

ただし、「成功者」は100％本気で頑張ってきた人ですから、その目を誤魔化すことはできません。あなたが「一生懸命に頑張る振り」をしているだけであれば、それを簡単に見破ってしまうでしょう。だから、とにかく嘘偽りなく「本気」になること。これが、僕たちが「成功」へと近づく大原則なのです。

The magic of influence

09

「ストーリー」が潜在意識を動かす

〝カッコわるいストーリー〟こそが「宝物」である

「数字」や「情報」だけでは、人の心は絶対に動かない

「情報」ではなく「ストーリー」を伝える——。

これも、「影響力」を生み出すために重要なポイントです。

僕たちは、相手に動いてほしいときに、ついつい「情報」で説得しようとしがちです。例えば、相手に信頼してほしいときには、自分の学歴や所属組織の「情報」を伝えようとしますし、お客様に買っていただきたいときには「商品情報」を伝えようとします。

しかし、**無味乾燥な「情報」だけでは相手の感情を動かすことはできません。「なるほど、そうなんですね」と理性においては理解してくれても、「だから？」という**

反応しか返ってこないのです。

僕が、このことに気づいたのは営業マンになってしばらく経った頃のことです。

当初、僕は、初めてお目にかかるお客様に対して、まず「会社案内」を見せていました。プルデンシャル生命保険がいかに信用ある会社か、そしてそこで働いている自分がいかに信用ある営業マンかを最初に説明し、そこから商談に入っていたのです。

だけど、そんなプレゼンをどんなにスムーズにしたところで、身を乗り出してくるようなお客様はいらっしゃいません。むしろ、そのような「情報」を伝える僕に対して、「つまんないヤツだな……」と興味を失っているようにしか見えませんでした。

そんな状態のまま、商品説明をしたところで、ろくに聞いてもいただけないのは当然のことでしょう。

これじゃダメだ……。

そう思った僕は、あることに気づきました。

僕が自己紹介のつもりで口にしていた、「TBSを辞め、生命保険の営業マンになった」というエピソードに、「え、なんで?」「どうしてTBSを辞めたの?」などと強く反応してくださるお客様がいらっしゃったのです。

そして、**問われるままに、自分の「ストーリー」を語り始めると、お客様が身を乗り出すように聞き入ってくださり、そのことでお客様との心理的な距離感が一気に縮まる経験を何度かした**のです。

心のなかの「傷口」を、思い切って「開示」する

僕が語ったのは、こんな「ストーリー」でした。

すでに書いたように、僕がTBSを辞めたのは、テレビ局に勤めているというだけでチヤホヤされて〝いい気〟になっているのが、あまりにもカッコ悪いことだと思ったからです。というか、チヤホヤされればされるほど、自分の心の中にある「傷口」がズキズキと痛むのに耐えられなくなったのです。

その「傷口」をつくったのは、京大アメフト部時代のことです。

僕は、アメフトというスポーツに対して〝後ろめたさ〟のようなものをずっと抱え

ていました。というのは、名将・水野弥一監督が率いる「名門」である京大アメフト部のレギュラーだったにもかかわらず、今から思うと「本気」でアメフトに取り組んでいなかったからです。

もちろん、僕は、アメフト部の厳しい練習を休んだことはなかったし、口では「大学日本一になる」と言い続けていました。しかし、実際には、自分自身の限界を超えた「もうひと頑張り」をしてはいませんでした。要するに、本当のところは、「本気」ではなかったのです。

そのことを監督には見抜かれていましたし、僕自身、心の底ではわかっていました。日本一になれなかったのではなく、日本一を本気でめざしていなかった自分がいることを自分ではわかっていたのです。

だけど、その事実に向き合うのを避けるために、どこかで中途半端な自分を取り繕いながら生きていました。そして、結局、日本一になることはできず、不完全燃焼のまま卒業。にもかかわらず、京大アメフト部というブランド力のおかげで、ラッキー・・・・なことにTBSに入社することができたのです。

自分が「頑張る理由」を、深く深く掘り下げる

テレビ局ではスポーツ番組の担当になりました。

それは僕の希望でもありましたから、もちろんやる気満々でした。しかし、それは同時に、「取り繕っている中途半端な自分」と否が応でも向き合わされることでもありました。

なぜなら、テレビ局が取り上げるような一流のアスリートは、ひとりの例外もなく、毎日毎日、自分自身と向き合い、自分自身の限界を超えた「もうひと頑張り」をやり続けているからです。そんな「本物」と一緒に仕事をするのは、「自分は偽物である」という事実と向き合わされることでもありましたが、それすらもごまかして、日々をやり過ごす自分がいたのです。

そんな僕に決定的なことが起きました。

友人のパーティに参加していたときのことです。

僕が座ったテーブルには、ある飲食店経営者がいらっしゃいました。みんなで盛り上がるのが大好きな僕は、そのときも、輪の中心になって思いっきり楽しんでいました。しかし、その飲食店経営者は適当に合わせてはくれましたが、少し不機嫌そうにも見えました。そして、パーティも終わりに近づいたときに、こんな言葉を僕たちに投げつけたのです。

「実はあんたらみたいなエリートって大嫌いなんだ。オレは中卒でコンプレックスの塊のような男だよ。だからこそ血ヘドを吐いて泥水も呑んで、会社をここまで大きくできたんだよ」

場の空気は凍りつきました。

仲間のなかには、「こんな場所で、何を言い出すんだよ……」という表情を浮かべた人もいました。でも、この言葉は、僕の心の中の「傷口」に突き刺さりました。そして、「俺はこの人に、人としてぜんぜん負けている」と思わずにはいられませんでした。

その後、僕は、その飲食店経営者の言葉を、何度も何度も反芻《はんすう》しました。そして、こう思うようになりました。このままテレビ局にいれば、恵まれた環境でチヤホヤされながら生きていけるだろうが、そんなことのために、もうこれ以上、自分を取り繕いながら生きるのはイヤだ。こんな気持ちで大事な一生を終えるのはイヤでしたし、それはあまりにも〝カッコわるい〟生き方に思えたのです。

だから、アメフトに対して「本気」で取り組まなかった自分が、京大アメフト部出身という理由でテレビ局に採用されたという「原点」を否定して、もう一度ゼロから何かに「本気」で取り組みたいと思いました。

そして、ちょうどそんなときに、プルデンシャル生命保険に勤めている京大アメフト部の同級生から「一緒に働かないか？」と誘われ、「日本一の営業会社であるプルデンシャル生命保険で、日本一になってみせる」と転職を決断。営業マンとして、アメフト部時代にごまかしていた「日本一」を達成することで、自分の人生をもう一度取り戻したいと思ったのです。

自分の〝カッコわるいストーリー〟こそが、かけがえのない「宝物」である

これが、当時の僕の「ストーリー」でした。

お客様の問いかけに応えながら、**このような「ストーリー」を語ったうえで、「日本一」になるために、会社に寝泊まりをするというハードワークを自分に課していることをお伝えすると、どなたも明らかに「感情」を動かしてくださいました。**

そして、「金沢景敏」という人間に興味をもち、僕に共感を寄せてくださいました。なかには、ご自身のなかに疼く「傷口」について語ったり、その「傷口」を乗り越えたエピソードについて語ってくださる方もいらっしゃいました。そこには、**初対面とは思えないほどの「関係性」が生まれていた**のです。

もちろん、そうした「関係性」が生まれた相手の方が、僕から保険に入ってくださったり、僕に知人をご紹介してくださる確率は非常に高かった。僕の「ストーリー」に共感してくださったことで、「影響力」が働いたからだと僕は思っています。

これが「ストーリー」の力です。

人生には、人それぞれの「ストーリー」があります。

そして、すべての人の「ストーリー」には、喜怒哀楽の感情が深く込められています。だからこそ、**他者の嘘偽りのない「ストーリー」に触れたときには、自然と感情を動かされる**のでしょう。

その「ストーリー」はカッコいいものである必要はありません。僕が語った「ストーリー」だって、ものすごくカッコわるいものです。ただ、そのカッコわるさを克服したいと、心の底から願い、行動に移していた。だからこそ、僕の「ストーリー」に心を寄せてくださる方が現れたのだと思うのです。

だから、**人を動かしたいと思うならば、まずは、自分の人生を見つめることが大切**です。

カッコをつける必要はありません。**誰の人生にも、カッコわるかったり、情けなかったり、鈍臭かったりする要素はあるはずであり、実は、それこそが僕たちの「宝物」なのだと思う**のです。

なぜなら、そうしたネガティブな出来事を真正面から見つめ、それを克服するために本気の努力をすることで、周囲の人たちの「感情」を動かすパワーが生まれるからです。

大切なのは、**自分のカッコわるさを素直に認め、それを心の底から克服したいと願うこと**。そして、自分の人生のカッコわるい「ストーリー」を、嘘偽りなく堂々と語ること。それができたとき、僕たちには人を動かす「影響力」が与えられるのです。

10

「ギャップ」がパワーを生み出す

「驚き」「疑問」が相手の気持ちを惹きつける

The magic of influence

「ギャップ」があるから、人は「興味」「関心」をもってくれる

ストーリーが潜在意識を動かす――。

項目9で、僕はそう書きました。

僕たちは相手を説得しようと、ついつい「情報」を伝えようとしがちです。上司を説得するために進めたい企画に関する「情報」の詳細を伝えたり、お客様にお買い上げいただくために、商品についての詳しい「情報」を伝えたり……。もちろん、それも必要なことではありますが、それだけで相手の心を動かすことは難しいものです。

それよりも、**「なぜ、その企画をやろうとしているのか?」「なぜ、その商品を売ろうとしているのか?」**といったことを、**ストーリーとして語ったほうがよほど相手の**

共感を得ることができるでしょう。

僕自身、「大学時代、アメフトで日本一になるために本気で努力をしなかったことが悔やまれてならない。そんな自分を乗り越えるために、日本一の営業会社であるプルデンシャルで日本一になりたい」といったストーリーを語ることで、多くのお客様が、僕に対する興味をもってくださり、応援してやろうと思ってくださいました。

そして、お客様がそういう気持ちになってくださったときに初めて、商品情報についても身を入れて聞いていただけるようになるのです。**「ストーリー」で相手の潜在意識を動かすことによって、「影響力」を生み出すことが、すべての出発点**だということです。

では、効果的なストーリーはどうすれば生み出せるのか？

僕が**ストーリーを考えるうえで、いつも意識しているのは「ギャップ」**です。

例えば、「ＴＢＳを辞めて、生命保険の営業マンになった」という僕のストーリーにも「ギャップ」があります。これは僕自身が痛切に感じたことですが、テレビ局の名刺を出せば誰もチヤホヤしてくれますが、プルデンシャルの名刺を出しても「なんだプルか……」と露骨に失礼な態度をとる人もいます。なぜ、わざわざブランド力のあるテレビ局を辞めて、一介の〝保険屋〟になるのか……。そこに大きな「ギャップ」があるわけです。

そして、この「ギャップ」には大きく二つの意味があります

第一に、**相手に強いインパクトを与え、興味を惹きつける**ということです。

実際、「TBSを辞めて、生命保険の営業マンになった」と口にすると、多くの方々が「え、なんで？」「どうしてTBSを辞めたの？」などと身を乗り出すように、強い反応を示してくださいました。

いわば、〝つかみはOK〟という状態。「ギャップ」が、相手の潜在意識に「疑問」「謎」「興味」といった強い感情を引き起こしてくれるのです。そして、僕のストーリーを聞こうという姿勢をとってもらえるわけです。

「ギャップ」の背後には、強く心を揺さぶるストーリーがある

第二に、「ギャップ」の背後には、**相手の感情を強く動かすストーリーが隠されて**

いるということです。

「ＴＢＳを辞めて、〝保険屋〟になった」というギャップの背後には、すでに述べたように、僕の学生時代の挫折と、それを乗り越えたいという強い願望がありました。

おそらく、**「挫折を乗り越えようと努力する」というストーリーは、少年漫画の世界でも定番とされているように、万人が共感を寄せることができる**ものなのでしょう。

そして、そのために、ＴＢＳ社員という恵まれた条件を捨てて、〝保険屋〟としてチャレンジを始めた僕に対して、多くの方々が感情移入をしてくださり、「応援してやりたい」と思ってくださったのではないかと思うのです。

あるいは、こんなこともありました。

ＴＢＳに入社してすぐのことですが、「僕の両親が高卒のヤンキーである」ということが、非常にインパクトのある「ギャップ」であることに気づかされたのです。ＴＢＳの社員の親御さんには、社会的な地位の高い方がたくさんいらっしゃいましたから、「両親が高卒のヤンキー」だと公言する僕が非常に目立ったのです。

そして、問われるがままに、こんな両親と僕のストーリーを語りました。

僕の両親は若い頃からやんちゃで、学校の勉強は全くしてこなかった。英語も読めないから、カラオケに行くと英語の歌詞の上に書いてあるカタカナを読んでいる。そんな両親でしたが、若くして事業を興して、汗水垂らして人生を切り拓いてきました。

ところが、僕が早稲田大学一年生のときに事業が破綻。両親は自己破産を余儀なくされたのですが、それでも僕に「学歴」をつけさせたかったのでしょう、「借金を返すために、俺も働く」と言った僕を叱りつけました。

しかし、僕もこれだけは素直に「ありがとう」と言えませんでした。「家がこんな状態なのに、大学なんか言ってる場合ちゃうって。長男である俺が働いて、家をなんとかするしかないやろ」と両親と言い合いになってしまったのです。

希少価値も「影響力」の源になる

そこに割って入ったのが祖母でした。

「ええから、お前は大学に行け。金は私が出したるから」

「どこにそんな金があんねん？」

「そんなもん保険解約したら一発や」

なんと、祖母が長年積み立てていた保険があったのです。そして、「お前、これまで父ちゃん、母ちゃんがどんな想いでお前に学校行かせとったかわかるやろ？　大学に行け」と言われたときには、涙が止まりませんでした。

とはいえ、状況は最悪。

学費の高い私学には通えないので、現役時代に2回も受験失敗した京都大学を再受験することに決めたのはいいのですが、なにしろ時間がない。焦りました。

だけど、逆にこれがよかった。家族の気持ちの後押しもあって、僕は、完全に腹をくくることができたからです。そして、京大にリベンジする絶好のチャンスだと捉えて、死に物狂いで受験勉強に没頭。寝ているとき以外はすべて勉強していたと思います。それで、なんとか合格することができたのです。

これに祖母も両親もみんなが喜んでくれましたし、僕もみんなへの感謝で涙が止まりませんでした。そして、そうやって苦労しながらも、僕を育て上げてくれた両親に深く感謝しているし、心から誇らしく思ってるんです……と。

このストーリーに、多くの上司や先輩が共感してくれました。

TBSには、そういう「境遇」で育った社員がほとんどいませんでしたから、**希少価値があったこともプラスに働いたようで、僕を目にかけてくれたり、陰に陽に応援してくれたりする人が現れた**のです。

当時の僕は、まだ「影響力」というものを意識していませんでしたが、おそらく動物的な勘のようなものが働いていたのでしょう。「ギャップ」の背後にあるストーリーを伝えることで、周囲の人たちの潜在意識に、僕に対するポジティブな印象を植え付けることができていたのです。

「ギャップ×ストーリー」で、相手の心の深いところに刺す

営業マンとして一定の成果を上げて、起業してからも「ギャップ」を最大限に活用しています。

例えば、営業マンとしての最高年収を話題にされて、〝規模感〟だけでも伝えざるを得ないときには、必ず、「でも、今は役員報酬は月10万円で頑張ってます」などと

付け加えます。すると、「ギャップ」が大きいだけに、みなさん「ほんとに？」「もったいない！」などと強いリアクションを返してくれます。つかみはOKということ。

そして、「営業マンを続けたほうがよかったんじゃないの？」「どうしてリスクを冒して、起業したの？」などと聞いてくれます。これが僕にとってはチャンス。あえて営業マンを辞めて、起業した「自分の想い」を熱く伝えることができるからです。

例えば、こんな感じです。

僕が起業したのはAthReebo（アスリーボ）株式会社。社名には「アスリート（Athlete）」が、人生を通して活躍するために「再生する（reborn）場所」という想いを込めました。

僕は、TBSでスポーツ番組の制作にかかわっていた頃から、ずっと心に秘めていた想いがありました。それは、現役を引退したアスリートたちに幸せな人生を歩んでほしいという願いでした。

小中高で野球、大学でアメフトをやった僕にとって、アスリートは憧れの存在だけど、アスリートは「スポーツしかしてこなかった」人たちでもあります。「やりたくないことはしてこなかった」人たちであるし、「スポーツ以外に目標を立てたこともない」という人が多いのも事実なのです。

そこで、彼らが働きながら、社会のこと、商売のこと、経営のことなどを学んでもらう場所をつくりたい。あるいは、トップ・アスリートがもっている、かけがえのない「価値」を、きちんとマネタイズできる仕組みをつくりたい。そんな想いで「アスリーボ」を立ち上げ、「月10万円の役員報酬で頑張っている」というわけです。

これは、決してアスリートのためにやりたいのではありません。僕が憧れてきたアスリートには、引退後もカッコよくあってほしい。そんな僕の長年の願いを実現するためにやる。それだけです。ぜひ、力を貸してほしいんです……。

多くの人は、この話に耳を傾けてくださいます。

そして、そのなかから、実際に力を貸してくれる方は現れるのです。

「ギャップ×ストーリー」を意識することが、その「影響力」を生み出していると言ってもよいでしょう。だから、ぜひ、読者のみなさんにも、**ご自分の人生における「ギャップ」を見つけてほしい**と願っています。そこには、みなさんの**「影響力」を生み出すストーリーが隠れている**に違いないと思うのです。

第3章

「説得力のある人」がひそかにやっていること

11

「小さな約束」を大切にする

「小さな嘘」が人間関係に〝致命傷〟をもたらす

The magic of influence

「小さな約束」を軽んじると、大切なものを失う

「約束を守りましょう」

このように書くと、小学校の道徳の教科書のように思われるかもしれません。なかには、「何を当たり前のことを……」と小馬鹿にする人もいるかもしれません。だけど、というか、だからこそ、これは「影響力」を育てていくうえで非常に重要なことだと思います。

なぜ、「だからこそ」なのか？

「約束を守る」ことを軽視する人が多いからこそ、「この人は、常に約束を守る人」

という信頼を得た人には、強い「影響力」が備わるからです。

特に大切なのが「小さな約束」。「大きな約束」であれば、ほとんどの人は「守らなきゃ！」と注意しますが、「小さな約束」についてはついつい軽く考えがち。そして、「小さな約束」であれば、「すみません」「忘れてました」「いますぐやります」などと言えば、許されると思いがちではないでしょうか？　ところが、これが大間違いなのです。

なぜなら、**「小さな約束」であったとしても、それを破れば、相手の潜在意識には確実にネガティブな印象を植え付ける**からです。

もちろん、たいていの人は、「小さな約束」がないがしろにされたからといって、強い怒りを覚えることなどなく、「まぁ、いいか」「仕方ないな……」といった感じで許すでしょう。

しかし、このときに**潜在意識において感じたささやかな「幻滅」が消えることはありません**。そして、何度かそういうことが重なれば、「この人は信用できない」といった心証が出来上がってしまうのです。

これが怖い。

「小さな約束」を軽んじても、大きなトラブルにはなりませんから、つい〝いい加減〟に扱ってしまいがちですが、その結果、相手からの信頼を確実に損ねてしまうのです。

たとえて言えば、ボクシングのボディブローのようなものかもしれません。一発のボディブローで倒れることはあまりありませんが、何発も食らうと致命的なダメージにつながる。**「小さな約束」を大事にしないと、いずれボディブローのように致命傷を受けることになる**のです。

「ささいなこと」の積み重ねが、強い「影響力」を生み出す

だから、僕は「小さな約束」をものすごく大事にしてきました。

例えば、お客様との会話のなかで、ちょっとした疑問点が出てきたときに、「僕のほうで調べて、今日中にお知らせしますね」と応じたら、必ず「その日のうち」に調べて連絡をする。

あるいは、「誰かを誘って、食事にいこう」という話になったら、必ず、それを実行する。しばしば「食事にいこう」という約束を、単なる〝社交辞令〟のように扱ってしまいがちですが、僕は、口先だけの約束で終わらせることは絶対にしないと心に決めているのです。

これら一つひとつは「ささいなこと」にすぎません。

しかし、こうして「小さな約束」をしっかりと果たしていると、相手をがっかりさせるリスクを冒すことがないばかりか、少しずつ相手との距離が近づいていくことを実感します。そして、「小さな約束」を何度も果たしていると、ときに、明らかに相手に対する「影響力」を獲得したことがわかる局面に遭遇することがあります。

例えば、こんなことがありました。

あるお客様からの紹介で、事業を軌道に乗せつつあった若手起業家と知り合ったのですが、彼は当時、保険には興味がありませんでした。だから、僕は無理やり保険をすすめるようなことはせず、彼との関係値をつくることを意識しました。

そこで、僕は、彼に人を紹介しようと考えました。

彼が進めているビジネスと相乗効果を生み出せそうな事業を展開している経営者などを引き合わせれば、きっと喜んでくれるはず。しかも、それで世の中にとって有意義な新しいサービスが生み出されたりすれば、社会的にも意味がある。そんな思いを胸に、「今度、この人と食事に行きませんか？」などと何度か誘ったのです。

そして、2〜3年経った頃のことです。

何度目かの会食を終えた彼とおしゃべりをしていたときに、彼はしんみりした口調でこんなことを言ったのです。

「これまで、いろんな人が『今度、あの社長さんを紹介するよ』みたいなことを言ってくれたけど、本当に紹介してくれたのは、金沢さんだけでしたよ。しかも、紹介してくれた方のおかげで、ビジネスを広げることもできた。本当にありがとうございました」

言葉だけではありませんでした。

その後、ビジネスを成功させた彼は、僕に「保険に入りたいので、相談に乗ってくれませんか？」と連絡をくれたほか、次々と成功している経営者などを紹介してくれるなど、僕のことを気にかけてくれたのです。

これは嬉しかった。僕はただ「会食」という「小さな約束」を果たしただけですが、そのおかげで彼は僕のために大いに動いてくれた。つまり、「小さな約束」のおかげで、僕は彼に対して強い「影響力」を及ぼすことができたのです。

相手に「いい顔」をするのは、「不誠実」な態度である

このように「約束を守る」ことは、僕達に大きなパワーを与えてくれます。

そのために大切なのは、「できない約束はしない」ということです。**相手の歓心を買いたいという思いがあると、僕たちはついつい無理をして「できそうもない約束」までもしてしまうことがありますが、これがよくない**のです。

もちろん、相手が望んでいることであるにもかかわらず、その「約束」をしないこ

とには勇気が求められます。

しかし、「できない約束」をして相手に期待をさせたうえで、「約束」を果たすことができなかった場合、そのダメージは大きい。相手は、期待していただけに、深く「幻滅」してしまうからです。

一方、**「約束」を断った瞬間には、相手は不快そうな表情を見せるかもしれませんが、それはいっときのことにすぎません。**その「不快な表情」に過敏に反応する必要はないのです。「できないこと」はできないのですから。

それよりも、別の機会に「できる約束」をして、その「約束」をしっかり果たすことができれば、過去のいきさつなど関係なく、相手はこちらのことを「信頼」してくれるようになるのです。

だから、無理をしないことが大事です。

無理をして**「できない約束」をするのは、実際のところは、ただ単にその場で「いい顔」をしたいだけのことで、結局のところ、それは相手に対して「不誠実」だと言えます。**

そんなことをするよりも、「できる約束」を確実に遂行することこそが本当の意味で「誠実」な態度なのです。そして、結局のところ、本当の意味で「誠実」な態度を貫く人にだけ、「影響力」は与えられるのです。

12

絶対折れない「自信」のつくり方

「ポジティブ・シンキング」では説得力は生まれない

「自信のあるフリ」をしても、相手に見透かされるだけ

「自信」のない人が、「影響力」を発揮することはできない——。

これは、だれもが同意することだと思います。上司の立場で考えれば、「自信」なさげにプレゼンする部下の企画を承認しようと思う上司はいないでしょうし、オドオドと商品説明をする営業マンから買いたいと思うお客様もいないでしょう。**「自信」のない人が、「説得力」を生み出すことは不可能**なのです。

では、どうすれば「自信」がもてるのか？

言うまでもなく、「実績」をつくることです。仕事で「実績」を示すことができれば、上司に対しても「自信」をもってプレゼンができるでしょう。お客様に喜ばれることで「実績」を上げた営業マンは、「自信」をもってお客様に接することができるはずです。**正しい方法で「実績」を上げることで、「自信」は自然とその人に備わっていく**のです。

ただし、ここにジレンマがあります。

なぜなら、誰もが、最初は「実績ゼロ」からスタートしなければならないからです。つまり、「自信」をもつことができない状態で、上司やお客様を動かして「実績」をつくっていかなければならないわけです。

これは、新しいことにチャレンジするときに、すべての人が直面する問題ではないでしょうか。僕自身、TBSからプルデンシャルに転職したときには、営業経験などゼロでしたから、営業マンとして「自信」をもつことなどできませんでした。だけど、「自信」のなさを露呈しているようでは、お客様に相手にしていただけません。そのジレンマにおおいに悩まされたものです。

ここで間違えてしまう人がいます。

〃自信のあるフリ〃をしてしまうのです。

例えば、営業マンとして「自信」がもてていない人のなかには、お客様に妙に馴れ馴れしく接してしまう人がいます。

しかし、いろいろな営業マンを見てきた僕の目には、逆効果にしか見えません。「自信」がないがゆえに生まれる「緊張」を押し隠すために、無理に〃場慣れしている自分〃を演出しようとしているようにしか見えないからです。

厳しい言い方をすれば、**自分の「自信のなさ」とまっすぐ向き合うのを避けて、自分を偽ろうとしている**ように見えてしまう。そういう人に対して、人間は直観的に「信用できない」と感じるとともに、「なんだか失礼な人だな」という印象をもつものなのです。

だから、〃自信のあるフリ〃はしないほうがいい。

「素の自分」で人と向き合ったほうがいいのです。

そもそも、僕は程よい「緊張」は、むしろ相手に好感をもってもらいやすいと思います。というのは、**相手は、こちらが「緊張」しているのは、「自分に対する敬意の表れ」と受け取ってくれる**からです。

もちろん、過度の「緊張」は、相手にも「緊張」を強いるのでよくありませんが、それでも、妙に馴れ馴れしい態度をとるよりも、よほど相手の好感を勝ち取りやすいと言えるでしょう。そのためには、〝自信のあるフリ〟をするのではなく、「素の自分」をそのまま表現することを意識したほうがいいのです。

どんなときであっても、堂々としている人の秘密

とはいえ、「素の自分」でいるだけでいいわけではありません。「実績」はなくとも、その「素の自分」に「自信」がもてなければならないのです。

そのためには、どうすればよいか？　このことを考えるときに、僕がいつも思い出す人物がいます。京大アメフト部の同級生です。

彼は身体が小さく、走るのも速くはありませんでした。身体能力に恵まれていなかったために、1年生のときからずっと補欠。身体能力に恵まれていたこともあり、早いタイミングでレギュラーになった僕にとって、決して「ライバル」という存在ではありませんでした。

しかも、決して明るいタイプではなかったので、ワイワイ盛り上がるのが好きな僕と特に仲がよかったわけでもありません。だけど、僕は、彼のことが妙に気になって仕方がありませんでした。

というのは、レギュラー選手にばかり注目が集まるなかで、彼は全く目立つことのない地味な存在でしたが、いつも堂々としていたからです。そして、不平不満など一切口にすることなく、誰よりも厳しい練習を続けていました。**みんなが練習を終えても、ひとりで泥まみれになりながら、黙々と基礎練習を繰り返していた**のです。

僕は、ずっと不思議でした。

なぜ、彼はレギュラーでもなく、選手として「実績」もないのに、あんなに堂々としているのか。なぜ、その佇まいから「自信」が滲み出ているのか。

そして、あるとき気づきました。彼は、アメフトを心から愛し、優れたプレイヤーになるために、できる限りの努力をしていた。そして、おそらく**彼は、誰よりも努力をしている自分に「自信」をもっていた**。彼の「自信」は、レギュラーであるか、補欠であるかに左右されるものではなかった。だからこそ、レギュラーばかりチヤホヤされるなかでも、揺るがず堂々としていたのだ、と。

しかも、最終学年である4年生のときの大切な試合でついにレギュラーとなり（僕は、怪我でその試合には出ることができませんでした）、チームにとって必要不可欠な存在となりましたが、彼はそれでも一切態度を変えることはありませんでした。偉ぶるようなこともなく、それまでどおり誰よりも厳しい練習を続けていたのです。

その後ろ姿を見ながら、僕は、「あいつ、カッコええな。俺の負けや……」と思わずにはいられませんでした。

「自分との約束」を徹底的に守り抜く

なぜ、彼のことが気になっていたのか？

今となれば、その理由がよくわかります。当時、僕はレギュラーとして活躍する機会を与えられていました。しかし、心の奥底では〝後ろめたさ〟のようなものをずっと抱えていたのです。

もちろん、僕もアメフトに一生懸命に取り組んではいました。しかし、すでに述べたように、本当の「本気」ではなかった。どこかで、「まぁ、こんなもんでええやろ」

と、自分の限界を超えてまで努力しようとはしていなかった。しかも、それを僕自身、心の底ではわかっていた。だから、どこか自分に「自信」がもてていなかったのです。

ところが、あの同級生は、ずっと補欠だったにもかかわらず、レギュラーである僕とは違い、「本気の努力」を続けていた。そして、彼には、ずっと努力を続けているという「事実」に基づく、揺るがない「自信」があった。つまり、彼は、僕にはないものをもっていたということ。だからこそ、彼のことがずっと気になっていたのです。

そして、僕は、すでに述べたように、この〝後ろめたさ〟を乗り越えるために、TBSを辞めてプルデンシャルの〝保険屋〟になりました。つまり、「本気の努力」をすることで、「本当の自信」を手に入れたいと思っていたのです。

だから、僕は、〝保険屋〟として結果を出すために、やるべきことを徹底的にやり抜くことにしました。

他の営業マンよりも圧倒的に多くのお客様と会うために、週末以外は会社で寝袋にくるまって寝る。日中はお客様との面談にすべて費やし、帰社後、提案書をまとめるなど事務処理を夜中までかけて行う。お客様に約束したことは、どんなに小さなことでも必ず守る。保険を売ろうとするのではなく、お客様の役に立つ情報を提供することに徹する……。こうした行動を絶対にやり抜くと、僕は心に決めたのです。

いわば、「自分との約束」です。

大切なのは、この「自分との約束」をとにかく守ること。あの同級生がそうだったように、どんなに疲れていても、絶対に「自分との約束」は守る。その揺るがない「事実」を手に入れることができれば、自分を信じる「自信」は手に入る。そして、そのような努力を続ければ、いつか必ず「実績」はついてくると信じたのです。

努力したという「事実」だけが、絶対折れない「自信」をつくり出す

これが、僕にもたらしてくれたものは非常に大きいものがありました。

精神的に安定するのです。お客様と出会うときには「緊張」しますし、いくつもお断りされるケースが続くと「不安」にもなりましたが、それでも、「自分はやれるだけのことはやっている」という「事実」が、僕の心を落ち着かせてくれる。心が定ま

ってくる。そして、目の前のお客様に100%集中することができるのです。

これと同じことを、僕の尊敬する柔道家・野村忠宏さんもおっしゃっています。オリンピックを三連覇した彼ほどの選手でも、オリンピックの試合前には極度の緊張を強いられるそうです。

そんなときには、一人になれる場所に行って、鏡の中の自分と向き合うと言います。そして、**金メダルを獲るために、やるべきことを一切の妥協なくやり続けてきた「事実」を思い返す。すると、心が落ち着き、覚悟が決まり、試合に向けて集中力が高まっていく**のだそうです。

この話を伺って、僭越ながら深い共感を覚えました。

野村さんほどの「実績」をもつ選手であっても、その心を根底で支えているのは、「やるべきことをやってきた」という「事実」なのだということに感銘を受けたのです。「事実」は嘘をつきません。だから、どんなに心が不安定であっても、「事実」は信じられるということなのでしょう。

僕は「ポジティブ・シンキング」を信じません。いくら心の中で、「お前は勝てる」

「きっとうまくいく」「自信をもて」などと、自分を励ましたり、勇気づけたりしても、心はそれを真に受けてはくれないからです。

そうではなく、**大事なのは「やるべきことをやってきた」「自分との約束を守り続けてきた」という「事実」。この「事実」さえ揺るがなければ、心はそれを信じることができるのです。それを「自信」というのではないか**と思うのです。

試合に臨む野村選手の姿は、「自信」に溢れているように見えます。

しかし、その「自信」を根本で支えているのは、嘘偽りなく努力してきたという「事実」なのです。

これは、オリンピック選手ならずとも、すべての人間に通じることであるはずです。「実績」の有無にかかわらず、「やるべきことをやり尽くす」「自分との約束を守り続ける」ことを徹底することで、自然と「自信」が滲み出てくる。そして、その「自信」に周囲の人たちは「説得力」を感じ取ってくれるようになるのです。

13

相手が「話したいこと」を引き出す

相手の心を惹きつける会話に「話術」はいらない

The magic of influence

会話力を磨きたければ、〝思い上がり〟を捨てる

会話においては、「話す」より「聞く」ことが大事――。「はじめに」でも書いたように、これも、「影響力」を生み出すうえで極めて重要なポイントです。

相手が内心で「誰かに話したい」と思っている話題を探りあて、その話にじっくりと耳を傾ければ、自然と会話は盛り上がっていきます。そして、**相手が満足するまで話に付き合うことができれば、必ず、相手は感謝の気持ちをもってくれ、こちらに「何かを返したい」と思ってもらえます。**このとき、ささやかな「影響力」が生まれるのです。

このような会話を実現するためには、どうすればよいのか？

まず大切なのは、「邪念」を捨てることです。僕の場合であれば、営業マンとしてお客様とお会いするときに、心の中にはどうしても「売りたい」「売らなければ」という邪念が首をもたげます。

だけど、当たり前のことですが、そんな「邪念」をもっている人間と話して楽しいと思ってくださるお客様はいらっしゃいません。だから、できる限りその「邪念」を捨て去り（100％捨てるのは無理ですが……）、**とにかく一緒に楽しいひとときを過ごすことに意識を集中させる**のです。

そのようなひとときを作り出すことができれば、相手は潜在意識において「金沢と一緒にいたら楽しいし、前向きな気持ちになる」などと思っていただけるはず。それだけで大成功だと思い定めることが大切なのです。

また、〝思い上がり〟も捨てたほうがいいでしょう。

自分の「話術」で、相手を楽しませて、会話を盛り上げようなどという〝思い上がり〟を捨てるのです。そんな高度なことができるのは、一流の芸人さんくらいのもので、凡人には不可能。それよりも、相手に気持ちよく話してもらうことに集中すべきなのです。

そのためには、**自分が「伝えたい」ことを話題にするのではなく、相手が「話したい話題」を見つける**必要があります。

もちろん、相手から不躾《ぶしつけ》に「聞き出そう」「探り出そう」とするのはダメ。そうではなく、はじめは当たり障りのない話題を提供しながら、言葉のキャッチボールを楽しむ。そして、家族、子ども、出身地、スポーツ、趣味など、広く浅く「面」で話題を展開しながら、相手の琴線に触れる話題を探すことをイメージするのです。

「面」で話して、「点」を探す

ここで大事なのが「観察」です。

さりげなく**相手の無意識的な反応を「観察」する**のです。

話題に対するリアクションは十人十色。重要な話題に触れると、声が高くなる人もいれば、目が鋭くなる人もいれば、眉を動かす人もいれば、身を乗り出す人もいます。

だから、僕は、相手の全体を「絵」として見ながら、そこに起きる「変化」に注意をします。

「間違い探し」のようなイメージです。

2枚の似たような絵が掲載されていて、「違っている箇所はどこか？」と問うクイズがありますが、あの要領で相手の「変化」に目をこらすのです。

重要なのは、そのリアクションが無意識的なものであるということ。

無意識的な反応だからこそ、そこに相手の「本音」「本心」が現れていると言えるのです。

いわば、医師が患者を診るときに「触診」するようなイメージです。患者は自分の体のどこが悪いのかがはっきりとはわかりません。だから、医師が触診しながら患者が「痛がるポイント」を探り、そこから症状や病因を明らかにしていくわけです。

それと同じで、**どの話題に触れたときに相手が特別なリアクションをするのかを見極めて、相手が潜在意識において思い悩んでいる課題や問題、あるいは、心の底から**

願っている希望などを探り当てるわけです。

このように、「面」で話題を展開しながら、相手が無意識的な反応を示す「点」を見つけ出すことができれば、今度は、その「点」を掘り下げていきます。相手の「感情」や「想い」に心を寄せながら耳を傾ければ、自然と相手も心を開いてくれるはずです。

相手の「感情」に徹底的に寄り添う

例えば、僕はこんな経験をしたことがあります。

保険の営業活動の一環として、知人から紹介された31歳の独身男性とお目にかかったときのことです。

挨拶をして、少し会話を交わすだけで、その方が、紹介してくれた知人への〝義理だて〟のために僕に会ってくださっているのであり、「保険」には全く興味がないことは明白でした。「取り付く島もない」という感じだったので、人として繋がることができればいいと割り切って、いつものように、「面」で話題を展開していきました。

そして、「家族」を話題にしたときに変化が訪れました。

僕は、手短に自分の「家族」の話を自己開示しました。僕が大学生のときに両親が事業に失敗して、自己破産を余儀なくされたために、老後の蓄えがほとんどないことを包み隠さずお伝えしたのです。

そのうえで、「僕ももともとは保険に全然興味なかったんですけど、自分に何かがあったときに、両親の老後の面倒を見る人がいなくなるのが心配になって、保険に入ることにしたんですよね」と話すと、彼の表情に明らかな変化がありました。**それまではほとんど無表情だったのですが、目に力がこもったように見えた**のです。

僕はこう直観しました。

きっと、この方もご家族のことで心を砕いていることがあるに違いない、と。

そこで、僕はさらに突っ込んだ話をしてみました。

「僕の両親は、高校中退の元ヤンキーで、勉強はからっきしダメ。英語も読めないから、カラオケに行くと英語の歌詞の上に書いてあるカタカナを読んでいる。そんな両親が、僕を一生懸命育てて、大学まで通わせてくれたんです。感謝してるし、尊敬してるんですよね。そんな両親を守りたいって、ほんま思いますね」

すると、その方はしばらく押し黙っていらっしゃいましたが、「実は……」と語り始めました。

その方の弟さんに障害があって、小さい頃からずっと面倒をみてきたけれども、自分は就職のために東京に出てきて、地方の実家で年老いつつある両親と弟さんだけで暮らしている。いまは自分が仕送りをして生活を支えているが、自分に何かあったら弟がどうなるか心配でならない……。

その方の一言一言が心に沁みました。愛する家族を思う気持ちは誰しも同じ。深く共感しながら話に耳を傾けていると、彼は、心のなかの「不安」「心配」を洗いざらい話してくださいました。

相手の「信念」へのリスペクトを示す

相手の「想い」を深く聞いたときに、僕がいつも考えることがあります。

「相手の信念は何か?」ということです。この方の場合、それは明らかでした。自分を犠牲にしてでも、弟さんを守る。家族を守る。この方は、きっと幼い頃から、その「信念」を貫いていらっしゃったのです。そう思うと、僕のなかには自然と、その方に対する敬意が溢れてきました。

だから、僕はそれを口にしました。

「ずっと、弟さんを守るために頑張っていらっしゃったのですね。心から尊敬いたします」

この言葉に、その方は少し涙ぐまれたように見えました。僕も、涙目になっていたかもしれません。それほど、このときの会話は心を揺さぶるものがあったのです。**その日初めて会ったばかりだったにもかかわらず、「お客様と営業マン」という関係性ではなく、ともに「家族」を守る同志のような関係性になっていた**ように思います。

これが、会話のパワーです。

このように、**相手の「想い」を深く傾聴し、相手の「信念」に触れることができれ**

ば、初対面の相手であったとしても、同志のような関係性を生み出すことができるのです。

しかも、相手は、誰にも話せなかった「不安」「心配」をしっかりと受け止めてくれ、自分を支えていた「信念」への共感を示してくれたことに対して、感謝の気持ちをもってくれます。そして、**僕のことを単なる「営業マン」としてではなく、一人の人間として大切に扱ってくださるようになる**のです。

このあと、この方は、弟さんのために保険に入ってくださったのみならず、ご自身のための保険にも入ってくださったほか、ご友人を何人も紹介してくださいました。そして、僕と友人付き合いをしてくださるようになったのです。

もちろん、僕は営業マンとして彼と出会ったのですが、あのときの会話においては、営業マンであることを超えて、一人の人間として心の底から共感しながら、彼の話に耳を傾けました。その結果、初対面であるにもかかわらず、深い人間関係を築くきっかけを掴むことができたのです。

相手の「感情」に徹底的に寄り添う。

そして、相手の「信念」に触れる。

これこそが「傾聴」することであり、**誠心誠意の「傾聴」ができれば、そこには強い「影響力」が生み出される**のです。

14

「褒める」より大切なこと

「褒めて人を動かす」という考え方が間違っている理由

The magic of influence

「褒めて人を動かす」ことはできるのか？

褒めて人を動かす――。

このようなアドバイスを読んだことのある人は多いでしょう。

たしかに、褒められれば誰だって嬉しくなりますから、褒めてくれた人に何かをお返ししたいと思うのは自然なこと。『ポケットブック　影響力の武器』（N・ゴールドスタイン他、誠信書房）にも、「ある研究では、同僚から褒められた直後に、その同じ同僚から何か頼まれると、人は好意的な反応を返しやすいということがわかっています。」と書かれています。

しかし、僕は、**「相手を動かすために褒める」のをあまりお勧めしません。**

そうすることに「効果がない」とは言いませんが、「相手を動かす」という狙いをもっている限り、「短期的な効果」しか得られなかったり、「好ましくない副作用」が生じたりしがちだからです。

特に、職場の人間関係のように、毎日顔を合わせながら長期的な関係を築く必要がある場合には、かえって自分の「影響力」を損なう結果を招くことが多いように思います。

例えば、「部下をおだてて、都合よく動かそうとする上司」がいたとしましょう。もちろん、その上司は、真意を隠して、純粋な気持ちで「褒める」振りをするに違いありません。そして、誰だって、上司に褒められれば嬉しいものです。だから、その上司の要請・依頼に気持ちよく応じようとするでしょう。

だけど、これが長続きするとは思えません。なぜなら、**「上司は部下を理解するのに3年かかるが、部下は3日で上司を見抜く」**と言うように、最も身近な権力者である上司の一挙手一投足を、部下はじっと観察しているからです。ちょっとした仕草、ちょっとした言動から、上司の真意を鋭敏に感じ取るのです。

だから、ごまかしがきかない。

上司が、いくら真心で褒めている〝演技〟をしたところで、部下はその「仮面」を見抜いてしまうのです。そして、「自分をおだてて、利用しようとした上司」の言葉を、部下が本心から信用することは二度とないでしょう。つまり、その上司の「影響力」が削がれるということです。

相手の歓心を買おうとすれば、周囲の「軽侮」を受ける

あるいは、逆のパターンも考えてみましょう。

上司が喜びそうなことを言って、なにかと便宜を図ってもらおうとする部下もなかにはいます。敏感な上司であれば、それを察知して警戒するかもしれませんが、「上司は部下を理解するのに3年かかる」と言われるように、往々にして、上司は鈍感なものです。そのため、〝演技〟の上手な部下であれば、上司を巧みに動かすことに成功するかもしれません。

しかし、周囲は、その〃カラクリ〃を冷静に見抜いているものです。

そして、**相手の歓心を買うために褒めるようなことをする人物（部下）はもちろん、それに騙されて〃いい気〃になっている人物（上司）をも軽侮する**ようになります。

つまり、その上司と部下の閉じた関係性においては、うまくいったとしても、周囲からは軽んじられ、双方とも職場における「影響力」を損ねてしまう結果を招くのです。

だから、僕は、「相手を動かすために褒める」ことに対して否定的です。

人間は、それほど器用ではありませんから、「相手を動かす」という下心は必ず見破られる運命にあります。 その結果、自分が口にした「褒め言葉」がかえって相手を傷つけたり、相手に不快な思いをさせたり、周囲から軽侮を受けることになってしまうのです。

大切なのは、純粋に「褒める」ことを意識することです。

相手の「短所」や「失敗」などにばかり注目している限り、相手との良好な関係性を構築することは不可能ですし、そのような人付き合いをしていても苦痛なだけでしょう。

それよりも、常に相手の「長所」や「成功」などポジティブな点に注目することで、相手との関係性を良好なものにしたほうが、人生が楽しくなるに決まっています。その楽しさを追求するために、純粋に「褒める」ことを意識すればいい。そんな**楽しい人間関係を構築できれば、僕たちには、自然と「影響力」も備わってくる**のです。

「褒める」ことよりも、事実を「観察」することが大切

ただし、「褒める」というのは意外と難しいものです。**「よかれ」と思って褒めたつもりでも、相手を不快にしたり、傷つけてしまうこともある**からです。最近、そのことを改めて教えられました。プロ野球のレジェンドであるAさんとゴルフをご一緒させていただいたときのことです。

負けず嫌いのAさんは、ゴルフに対しても真剣そのもの。ティーショット（1打目）を打つために、ゴルフクラブを構えるAさんの姿を、僕はじっと見つめていました。スタンスを固めたAさんは、大きくテイクバックをしてから、鋭くダウンスイング。「パーン！」という心地よい打音を響かせて、ボールはものすごい勢いで飛んで

いきました。

僕は、すかさず「ナイスショット！」と声をかけました。

誰とでも楽しくゴルフをしたい僕は、誰かがボールを打ったときに、それが明らかなミスショットでなければ「ナイスショット！」と声を出すことを心がけていました。そのときも、僕の立ち位置からは「ナイスショット」に見えたので、迷わず声を上げたわけです。

ところが、Aさんは憮然《ぶぜん》とした表情で、僕のほうをチラッと一瞥《いちべつ》しました。

理由はすぐにわかりました。ボールは私が声を上げたその直後、大きく曲がって茂みに入ってしまったのです。

Aさんは、打った瞬間に「しまった！」と思ったに違いありません。にもかかわらず、僕はよく確認もせず「ナイスショット！」と声を出してしまった。僕がAさんの立場であっても、カチンときたはずです。「適当なこと言いやがって。コイツは『ナイスショット！』と言って、おだてていればいいと思ってるんだろう」などと気分を害してしまうのが人情というものです。

だから、僕は、Aさんに「失礼をしました。インパクトがよかったから、思わず『ナイスショット！』と言ってしまいましたが、打球の行方をしっかりと見届けたうえで声を発するべきでした」と率直にお詫びをしました。Aさんは「大丈夫や。気にせんといて！」とニカッと笑ってくださり、僕はホッと胸を撫で下ろしたのです。

これは、ほんの小さな出来事にすぎません。

だけど、このとき僕は改めて、大切なことを再確認しました。

「褒める」のは簡単なことではありません。こちらは「褒めた」つもりでも、相手にとっては侮辱と捉えられることすらあるのが現実なのです。

そのようなことを避けるために何よりも重要なのは、相手の言動をしっかりと観察して、「事実」を正確に把握すること。そして、それが「褒めるべきこと」なのかどうかを、自分の頭で判断することなのです。

つまり、**相手との信頼関係を構築するために本質的に重要なのは、「褒める」ことではなく、「事実」をしっかりと観察したうえで、その「事実」に対する価値判断をするということ**。そして、「褒めるべき」と判断したときだけ「褒める」。このプロセスを誠実に遂行することによって、はじめて相手との信頼関係が生まれ、そこに「影響力」が生み出されるのです。

「いい加減な褒め言葉」は、かえって人からの信用を落とします。

特に、Aさんのように一流と呼ばれる人たちは、「いい加減な褒め言葉」を嫌います。なぜなら、この世には、「いい加減な褒め言葉」で彼らの歓心を買おうとする人たちがたくさんいるからです。そんな**胡散臭い「褒め言葉」に、一流の人たちはうんざりしている**のです。

だからこそ、僕たちは「褒める」ことを意識しすぎないほうがいい。それよりも、「事実」を把握したうえで、自らの価値判断で「褒める」かどうかを決めることが大切なのです。

15

「逆風」を「追い風」にする方法

相手が怒ったら「絶好のチャンス」である

The magic of influence

相手の「怒り」をテコに、「関係性」を深める方法

相手を怒らせる――。

これほど、自らの「影響力」を削ぐ行為はないでしょう。

当たり前のことです。こちらの不行き届きで怒らせてしまった相手に、何かをお願いして「Ｙｅｓ」と言ってもらえるはずがありません。「影響力」を及ぼしたい相手を怒らせるのは、絶対に避けるべきことなのです。

だけど、僕は**相手が怒ったときには、あえて「チャンスだ」と考える**ようにしています。もちろん、こちらが明らかに誠意に欠けることをして怒らせるようなことが許されないのは言うまでもありませんが、どんなに誠実に仕事に向き合っていても、相

手を怒らせたり、イライラさせたりしてしまうことはありえます。

そんなときに、クヨクヨしていても何も生まれません。それよりも、**その「怒り」をテコに、相手との関係性を深める「チャンス」とするために、積極的な対応をするべき**だと思うのです。


それを学ばせてくれた、ＴＢＳ時代の先輩のエピソードをご紹介しましょう。

その先輩は、僕が駆け出しのディレクターだった頃に、隣のデスクで仕事をしていた方です。非常に優秀な先輩で、電話でのやりとり、上司への報告の仕方、番組のマネジメント手法など、すべてが勉強になる人物でした。

ところが、ある日のこと、その先輩が、社運を賭けているプロジェクトの成功に欠かせない、きわめて重要な人物を怒らせてしまいました。

そのプロジェクトとは、ＴＢＳが当時、力を入れていたボクシングのビッグイベント。先輩はそのビッグイベントの中継番組を担当していたのですが、ある有力ジムの会長のメンツを些細《ささい》なことで傷つけたことによって逆鱗《げきりん》に触れ、試合の中継が危ぶまれる事態に陥ってしまったのです。

まさに緊急事態。なにしろ社運を賭けたプロジェクトでしたから、社内には、先輩を責め立てるような人物もたくさん現れました。しかし、**その先輩は取り乱すことなく、一切の不平不満を口にすることなく、トラブル直後から、毎日毎日、謝罪するためにジムに足を運びました。**

後で聞いたところによると、当初は門前払い。朝から晩までジムの前でずっと立っていても、会長は完全に無視を決め込んでいたようです。それでも先輩は毎日、早朝からジムに通い続けました。

そしてある日、土砂降りの雨のなか、変わらずジムの前に立っていたところ、ようやく会長は「中に入りなさい」と先輩を中に迎え入れてくれたそうです。**雨降って地固まると言いますが、このとき会長は先輩の「謝罪」を受け入れたばかりか、それまで以上の信頼を寄せてくれるようになった**ようです。そして、数ヶ月後、日本中が注目するビッグマッチの放送が、ＴＢＳから流れたのです。

徹底的な「謝罪」は、「影響力」を生み出す武器である

あのとき、何が起きていたのか？

僕の分析はこうです。先輩はおそらく、そうする以外に「道」がないと考え、とにかく謝罪の気持ちを「形」にして示すことに徹したのでしょう。だからこそ、雨が降ろうが構わず、ひたすらジムに謝罪に出向き続けたのです。


しかし、会長にすれば、これは堪《こた》えたはずです。

もちろん、1回や2回謝りに来たくらいでは、怒りが収まるはずもありません。一度振り上げた拳《こぶし》を、簡単に引っ込めると示しがつかないといった心理も働くでしょうから、すぐに許すわけにはいかないはずです。

とはいえ、問題の発端そのものは、所詮《しょせん》、些細なことにすぎません。にもかかわらず、それを深く反省し、謝罪するために、毎日、朝から晩までジムの前で立っている人を前にすれば、誰だって「怒り」が和らいでいくに違いありません。


というよりも、**「怒り」を持続させるには多くのエネルギーを消費しなければなりませんし、いつまでも「許さない」ようではご自分の度量の狭さを問われることにもなりかねません。**おそらく、会長にすれば「もう勘弁してくれ」というのが本音だったのではないでしょうか。

そして、**土砂降りの雨のなか立ち尽くす先輩に対して、潜在意識の中で「罪悪感」のようなものすら感じた**のかもしれません。たまらず、「中に入りなさい」と声をかけずにはいられなかった。そういう心理的なドラマが繰り広げられていたというのが、僕なりの見立てです。

つまり、先輩は、それを意図していたわけではないと思いますが、社運を賭けたプロジェクトのキーマンである、有力ジムの会長の逆鱗に触れるという**絶体絶命の局面において、「謝罪」を武器にした**ということです。

しかも、毎日、朝から晩まで、雨が降ろうが構わずに、ジムの前に立ち続けるという、いわば〝容赦ない謝罪〟を行ったわけです。これが、会長の潜在意識において「罪悪感」のようなものを感じさせるに至った。そして、たまらず会長は「許す」という行動を取ったというわけです。

そして、会長の逆鱗に触れた時点で、先輩の会長に対する「影響力」はマイナスのレベルにまで落ち込んだわけですが、「謝罪」を武器にすることで、以前にも増して強い「影響力」をもつことになり、最終的には、ビッグイベントへの全面的協力にまで結びつけるのみならず、それ以降も、会長との強力なコネクションを維持し続けることに成功したのです。

身体の向きを変えれば、「向かい風」は「追い風」に変わる

もちろん、これはあくまで僕の分析にすぎません。

それに、こういう問題は「相手」のある話ですので、あらゆるケースで「謝罪」がこのように機能するとは限りません。

しかし、仕事上のちょっとしたミスや気持ちのすれ違いなどで、相手を怒らせてしまったようなケースにおいては、誠意ある「謝罪」によってかえって相手との関係性を深めることができることが多いと思います。

謝罪を受ける立場になると、それがよくわかります。

僕も最近は、知らない方から、「〇〇さんをご紹介いただけませんか？」「営業につ

いて教えていただけませんか？」「講演をしていただけませんか？」などといったお願いをされることが増え、それに対応するなかで、相手の不手際などで謝罪を受けるようなケースが起きるようになりました。

そんなときに、相手が言い訳をしたり、ごまかしをしたりすれば、完全にアウト。その人物に対する「不信感」は確定します。しかし、**言い訳がましいことなど一切言わず、真摯に謝罪するとともに、全力でリカバーしようとする姿勢を見ると、かえって、その人物に対する「好感度」「親近感」「信頼感」などがアップしている**のを実感するのです。

むしろ、ちょっとしたトラブルがあるからこそ、相手の「本性」に触れることができるのかもしれません。

無風状態で付き合っているときよりも、トラブルを経た方が関係性が深まりやすいということなのでしょう（もちろん、これで関係性が崩壊することもありますが……）。その意味でトラブルは「チャンス」であり、「謝罪」は相手に対する影響力を生み出す「武器」になりうると言えるのです。

あるいは、こう言ってもいいでしょう。

「向かい風」に直面したときには、自分の身体の向きを180度変えれば、「向かい風邪」は一瞬で「追い風」に変わる、と。

ときに、僕たちは、「風向き」を変えよう――相手の「感じ方」「考え方」を変えよう――と悪あがきをしがちですが、それが成功することはありません。相手を変えることは至難のわざだからです。

それよりも、誠意をもって謝罪することで、自分の身体の向きを変えたほうがいい。相手の怒りが強ければ強いほど、厳しい「向かい風」が吹いているはずですが、身体の向きを変えることができれば、それだけ強い「追い風」を受けることができるのです。相手の感情が「無風」のときよりも、「風」が吹いているときのほうが、物事を動かすことはできるものなのです。

16

「虎の威」はどんどん借りる

ただし、「自分の実力」を見失ったとき、すべては失われる

The magic of influence

借りられる「虎の威」は、なんでも借りるべきである

虎の威を借る狐——。

これは一般にネガティブな意味で使われる言葉ですが、僕は、「影響力」について考えるうえで、ポジティブに捉えるべき言葉だと考えています。

なぜなら、自分に「影響力」が足りないときには、誰かの「影響力」を借りなければ、人や組織を上手に動かすことができないからです。**価値ある仕事を成し遂げるためには、「借りられる〝虎の威〟は、なんでも借りる」というくらいの意識でいたほうがいい**と思うのです。

例えば、社内の他部署にイレギュラーな事務処理をお願いしなければならない場面があったとしましょう。

そんなときに、「新人」がたったひとりで他部署に乗り込んで、事情を説明したところで苦戦するのは目に見えています。上手に説明できるかどうかという問題よりも、そもそも「新人」であるがゆえに、十分な「信頼」を勝ち得ていないからです。

そこで大切なのが、上司の「影響力」を借りるということです。

上司は、他部署からも一定の「信頼」を得ているはずですから、他部署に説明にいくときに、上司に付き添ってもらってもいいですし、他部署に説明するときに、「上司には了解をいただいています」などと言い添えるだけでいいかもしれません。それだけでも、他部署の反応は明らかに変化があるはずです。

「あの上司がOKしているなら、大丈夫だろう」と安心してもらえるかもしれませんし、「あの上司が了解しているのに、NOと言うとあとで厄介だな」と思われるかもしれない。いずれにせよ、**上司の〝虎の威〟を借りることで、話はスムーズに動く確率が高まる**わけです。

僕も、営業マンとして〝虎の威〟はよく借りました。

例えば、信頼関係を築いたお客様から、その知人の方をご紹介いただいたら、その知人にご挨拶のメールを書くときには、必ず、紹介元のお客様をCCに入れるとともに、メール文面でも「〇〇さんにご紹介をいただきました金沢と申します」などと記します。

こうすることで、紹介元のお客様の「影響力」を借りているわけです。

メールをもらった知人の方は、「あの人の紹介する営業マンなら、信頼できそうだ」と思ってくれるかもしれないし、「この営業マンを粗末に扱ったら、あの人との関係を悪化させてしまうかも……」などと思われるかもしれない。どちらにせよ、**お客様の〝虎の威〟を借りることで、新しいお客様とのご縁がつながる確率が高まる**わけです。

社長や会社の「影響力」を活用して、価値を生み出すのが「仕事」である

これらはほんの一例ですが、このように「影響力」を意識しながら、〝虎の威〟を借りるのは、ビジネスパーソンとして仕事を進めていくうえでは、欠かせないスキルだと僕は思います。

そもそも、**就職するということは、その会社や社長などの「影響力」の庇護のもとに入るということ**です。そして、その「影響力」が背景にあるからこそ、社外の人々は、右も左もわからない新入社員であっても、一人前の社会人として扱ってくれるわけです。

もしも、どこの組織にも属さず、何の後ろ盾もない若者が、「会ってください」と言っても誰もまともに相手にはしてくれないでしょう。若者が、この世の中で何らかのポジションを獲得するためには、何らかの「影響力」を借りるほかないのです。

であれば、〝虎の威〟は積極的に借りなければならないということになるはずです。むしろ、**会社や社長などの立場からすれば、会社などの「影響力」を上手に使うことで、魅力的な仕事を作り出して、会社に価値を還元してくれる社員を求めている**ともいえます。重要なのは、「いかに上手に〝虎の威〟を借りるか」ということにあるわけです。

「虎の威」を借りて、身を滅ぼす人が忘れていること

では、「上手に〝虎の威〟を借りる」とはどういうことか？

「影響力」をもつ組織や人物を味方につけるためには、さまざまなノウハウがありますが、ここでは、絶対に欠かしてはならない最重要ポイントについて説明したいと思います。

これを外すと、一見、上手に〝虎の威〟を借りて、大きな成果を上げたとしても、いずれ手痛い〝しっぺ返し〟を食らうことになるでしょう。場合によっては、身を滅ぼすことすらありうるほどの重要ポイントです。

それは何か？

拍子抜けするかもしれませんが、「感謝する」ということです。

〝虎の威〟を貸してくれた、組織や人物に対する「感謝」を絶対に忘れてはならない

のです。

これは、当たり前のことです。例えば、あなたが誰かに頼まれて、大事に育ててきた人脈を紹介したとしましょう。ところが、その後、何の報告もなく、感謝の言葉のひとつもなければ、誰だって不愉快に思うはずです。そして、二度とその人物の頼み事には応えたくないと思うに違いありません。人間心理として、それが当然のことだと思います。

ところが、逆の立場になれば、ついつい「感謝」を忘れてしまうのが人間というものです。

先ほどの例で言えば、もともとは誰かに紹介してもらった人脈であったとしても、ひとたび、その人脈との関係性を構築することができてしまえば、それを「自分の人脈」と認識してしまうのが人間なのです。

しかも、その人脈との関係性を構築するためには、その人なりに大汗をかいたはずですから、なおさら、「自分が築いた人脈」だと思い込んでしまう。**人間心理には、そのような「錯覚」を生み出すカラクリが働いている**ように思うのです。しかし、そのカラクリにはまってしまうと、手痛いような〝しっぺ返し〟を食らう結果を招いてしまうのです。

「感謝」の気持ちを見失ったとき、すべては崩壊してしまう

このことを考えるときに、いつも思い浮かべる人物がいます。

テレビ業界で有名だった、某テレビ局の元プロデューサーです。僕自身は直接お目にかかったことはないのですが、伝説的な番組をいくつも企画・製作して、一世を風靡した敏腕プロデューサーとして憧れの存在でした。

文字通り「すごい人」だったわけですが、彼は、その後、苦境に立たされました。番組プロデューサーとしての仕事を失い、驚くべきことに自己破産にまで至ってしまったのです。

いったい、何があったのか？

彼は、テレビ局の社員だった頃から、プロデューサーとして企画・製作した人気番組に関するさまざまな権利を、自分で設立した会社で所有していました。

その後、テレビ局と揉めて退職したのですが、何しろ人気番組でしたから、テレビ局としては続けたい。となると、いかに冷え切った関係性であったとしても、彼の会社に発注せざるを得ないわけです。だから、退職後もしばらくは、バリバリの現役プロデューサーとして権勢を誇っていました。

しかし、すべては栄枯盛衰。人気番組もいつかは衰えます。そうなれば、そのテレビ局にとって、彼の存在価値はなくなります。そして、若くて才能のあるプロデューサーは、ほかにもたくさんいますから、わざわざ彼に仕事を依頼するテレビ局もありません。結果として、彼は、苦境に陥ってしまったわけです。

僕は、実に恐ろしいことだと思います。

彼は、明らかに有能な人物でした。すごいアイデアマンであり、行動力もあり、統率力もあった。しかし、それだけで、あれだけの実績を築くことができたわけではありません。それができたのは、テレビ局の社員だったからです。テレビ局の社員でなければ、絶対に成し遂げることはできなかったのです。

いくら優れたアイデアがあったとしても、テレビ局の社員でなければ、あれだけの予算を集めることもできなければ、キャスティングもできないし、放送することもできません。

にもかかわらず、彼は、「全部、俺がやったこと」「すべて、俺の手柄だ」「俺がいなければ、誰もこの番組はつくれないだろう」となってしまった。だからこそ、彼はテレビ局と揉めてしまったわけだし、その後、すべてを失う結果を招いてしまったのです。


なんというもったいないことだろう、と思います。

彼が、テレビ局という巨大な「虎の威」＝「影響力」を借りて、大きな仕事を成し遂げることができたことに、いくばくかの「感謝」の気持ちさえもっていれば、こんなことにはならなかったはずだからです。そして、彼の「才能」を、もっと世の中のために活かすことができたはずなのです。

もちろん、組織のなかで仕事をしていれば、思うようにいかないことや、ストレスに感じることは避けがたく起こります。おそらく、彼も、「これだけ実績を出して、会社に貢献しているのに……」といった思いがあったのでしょう。その気持ちは、僕なりによくわかります。

しかし、それでも、組織のなかで仕事ができているということだけでも、「感謝」

しなければならない。その**組織や同僚たちの「影響力」を借りることで、はじめて僕たちの仕事が成立している**からです。その気持ちを見失ったときに、すべては崩壊してしまうのです。

〝虎の威〟を借りるのは全然構わない。

いや、どんどん借りて「価値」を生み出したほうがいい。

ただし、**借りている〝虎の威〟を〝自分の力〟だと勘違いしてはならない。**〝虎の威〟を借りていることへの「感謝」を忘れたとき、すべては崩壊へと向かっていくのです。

第4章

「影響力のある人」とのコネクションを築く

17

誰もが一目置く「実績」をつくる

「実績」こそが「影響力」の最大の源泉である

The magic of influence

「実績」によって、確かな「影響力」が手に入る

誰もが一目置くだけの「実績」——。

「影響力」を増大させるうえで、これほど重要なものはありません。

例えば、野球少年にバッティングの基本を教えるとして、あの大谷翔平選手が教えるのと、僕が教えるのでは、少年たちの学習意欲に与える「影響力」に雲泥の差があるに決まっています。

言うまでもありませんが、野球における実績に桁違いの落差があるからです。僕も、小中高と野球に取り組んできましたので、正しいバッティング理論を教えることはできます。だけど、いくら正しいことを教えられたとしても、僕の実績では、少年たち

の潜在意識を動かすことはできません。大谷選手の実績（そして、実績に裏付けられた知名度）の前では、僕の「教え」は無力。これこそ、「影響力」のパワーというものなのです。

これは、職場でも同じです。

例えば、どんなに頭脳明晰であっても、実績のない新入社員には発言力はありません。逆に、それなりの実績のある上司・先輩が、本質からズレたような発言をしたときに、それを部下・後輩が無視したり、反論したりするのは簡単なことではありません。理不尽な現象ではありますが、「影響力」が作用しているわけで、人間集団では往々にして起こりうる現象だと言うべきでしょう。

だからこそ、僕は、こうした状況に直面しても、**理不尽な発言などを押し返して、自分として筋の通った主張をできるようになるためには、とにかく、周囲の人が一目置くだけの「実績」を出して、自分なりの「影響力」を身に付けなければならない**と考えてきました。それができたとき初めて、「自分の人生」が始まると言っても過言ではないと思うのです。

ただし、人間誰しも、初めは「影響力ゼロ」からのスタート。にもかかわらず、相手を味方につけ、相手の応援を勝ち得、相手に力を貸してもらうことで、「実績」を積み上げていかなければなりません。

だからこそ、本書でこれまで書いてきたように、僕は、目の前のお客様の潜在意識に働きかけることで、その人を動かすためにあらゆる工夫と努力をしてきました。そして、そのような工夫を重ねながら、ライバルの営業マンよりも圧倒的に多くのお客様にお目にかかることで、プルデンシャル入社1年目にして、個人保険部門で日本一の成績を収めることに成功。〝保険屋〟として、誰からも認められる「実績」を上げることができたのです。

「影響力」を手にしたときに、「危機」は忍び寄る

この「実績」で、僕を取り巻く環境は一変しました。

プルデンシャル生命保険から、創業者の名前を冠した「ドライデン・アワード」という賞を贈られ、並いる敏腕営業マンたちの前で受賞スピーチをする栄誉も与えられ

ました。

ほんの数ヶ月前には、「このまま行ったら、営業マンとして終わる……」と吐き気を催すほどの危機感に苛まれていたのが嘘のように、「金沢さんの営業手法を教えてください」と教えを請われる立場——つまり、社内や業界内で「影響力」を及ぼす存在——になることができたのです。


社内や業界内だけではありません。

お客様に対しても、「影響力」を発揮しやすくなりました。

初対面のお客様とお目にかかるときに、「プルデンシャルの一営業マン」として会うのと、「プルデンシャルで日本一の営業マン」として会うのとでは、反応が違うのは言うまでもないでしょう。

こんなことも経験しました。営業マンになりたての頃に、プルデンシャルの名刺を渡したときに、「なんだプルか……」と吐き捨てた人物がいたのですが、日本一になってから再会したら、「1年目で日本一とはすごいですね!」などと180度態度が違ったのです。正直なところ、胸がすくような思いでしたが、「実績」というものが、いかに「影響力」を増強するかを実感した瞬間でもありました。

ただ、あの頃、僕は実際のところ極度の不安を覚えていました。

なぜなら、次年度に結果を残せず、〝一発屋〟で終わることが怖かったからです。心の奥底では、営業マンとしての「自信」がもてていなかったのでしょう。周囲の営業マンからはチヤホヤされるがために、「慢心」に陥りそうで怖かった。だから、僕は、できるだけ「保険の営業マン」とは距離をとるようにしました。

そして、〝寝袋生活〟を継続することにしました。「日本一になったんだし、もういいんじゃないか？」と言ってくれる人もいましたが、日本一になったからこそ続けなければならないと自分に言い聞かせました。ここで「慢心」してしまうのはカッコわるい。こういうときこそ、〝地べた〟を這いずって前進しようとすることがカッコいい生き方なんだと思ったのです。

今となれば、この判断は正しかったと思います。

「実績」を上げれば、「影響力」は劇的に増強されます。そして、周囲からはチヤホヤされ、快い環境に身を置くことができるでしょう。

しかし、これが危ない。慢心した結果、「実績」を上げることができなくなれば、いずれ「影響力」は失われるからです。あるいは、**手に入れた「影響力」にのぼせ上がって、図に乗るようなことをすれば、いずれ周囲の人たちからしっぺ返しをくらう**かもしれません。これは、「影響力」を手にしたときに、十分に注意すべきポイントだと思います。

自分より「強い人」「すごい人」に圧倒されたほうがいい

では、どうすればよいのか？　自分をチヤホヤしてくれる人たちとお付き合いするのではなく、**手に入れた「影響力」を活用して、自分よりも「強い人」「高い人」に一歩でも近づこうとすればいい**のです。これこそが、「実績」を最大限に活かす方法だと思うのです。

僕のエピソードをご紹介しましょう。

プルデンシャル2年目、ちょっとした縁で知り合った元気のいいおばさんに誘われて、関西の経済界の人々が集まるイベントに参加したときのことです。そのイベントの最大の目玉は、日本人なら誰でも知っている大企業の創業家社長の講演。講演終了後には、その社長さんと名刺交換をすべく長蛇の列が出来上がり、僕もおばさんと一緒にその列に加わりました。

ようやく順番が回ってきたら、そのおばさんも社長とは初対面だったにもかかわらず、僕のことを「この子ね、京大でアメフトしてて、TBS入ったのに辞めて、保険屋になって日本一になったんよ」などと馴れ馴れしく紹介。すると、その社長さんは、「お～、そうなんや。なんでまたTBS辞めたんや？」「それで、いきなり日本一になったんか？　オモロいやっちゃなー」と目を輝かせてくれたのです。

名刺交換の場ですから長居は禁物。できるだけ手短に受け答えをして、「今日はお目にかかれて光栄でした」と話を切り上げようとしたら、社長さんは「また食事でもしながら、話を聞かせてよ」と言ってくれました。

そこで僕は茶目っ気を出して「本当ですか？　経済界のお偉いさんが行くような料亭に行ってみたいです！」と言ってみたら、なんと「おお、ええよ。今度、連れてったるわ」と返してくださったのです。

もちろん、社交辞令に決まってると思いました。だけど、社長さんの反応は上々。

「これは、僕のことを記憶してくれてるかもしれない！」と思い、東京に帰ってすぐに、社長さんあてに**「こんな想いで頑張って生きている」といったことを直筆の手紙に書きました。そして、「料亭に連れてってくださるとおっしゃってくださったので、ぜひ連れて行ってください」と図々しくお願いした**のです。

ダイヤモンドは、ダイヤモンドでしか磨けない

〝ダメ元〟ではありました。

だけど、何事もやってみなければわかりません。

数日後、見覚えのない電話番号から着電。電話に出ると、その社長さんの秘書の方で、「食事のアポイントをお願いしたい」という案件だったのです。

こうして、日本を代表する社長さんとのご縁ができ、今に至るまでお付き合いをさせていただいています。もちろん、「保険を売ろう」などということは一切しません。

ただ、一人の人間としてお付き合いをさせていただき、いろんなことを教えていただき、いろんな人を紹介していただき、いろんな感動を与えていただいてきました。そ

して、そのような社長さんとお付き合いができていること自体が、僕に強烈な「影響力」をもたらしてくれたのです。

なぜ、こんなことが起きたのか？

「TBSを辞めて、保険屋になった」というギャップが効いたということもありますが、なんと言っても決定的だったのは、「1年目で日本一になった」という「実績」だと思います。

あれほどの社長さんであれば、僕のように「会ってほしい」と依頼してくる人間は掃いて捨てるほどいるでしょう。しかも、1秒すら惜しいほどお忙しいはず。それにもかかわらず、「貴重な時間」をいただくためには、「実績」が不可欠。「いきなり日本一になったんか？　オモロいやっちゃなー」という社長さんの言葉には本音がこもっていると思うのです。

そして、あれほどの社長さんは、若い頃からずっと誰よりも頑張ってこられているはずです。だからこそ、「一生懸命頑張っている若者」のことを応援してくれる。もちろん、そんな社長さんとお付き合いするのは並大抵のことではありません。こちらの至らなさに、居た堪れないような思いをしたことも何度もあります。

だけど、そんなときには、いつもこう自分に言い聞かせました。

「ダイヤモンドは、ダイヤモンドでしか磨けない」

人間誰だって、磨けばダイヤモンドになれると僕は信じています。ただし、ダイヤモンドになるためには、ダイヤモンドで磨いてもらわなければならない。つまり、自分よりはるかに優れた人物、強い人物、高い人物とお付き合いをさせてもらうことでしか、ダイヤモンドにまで磨き上げてはもらえないのだ、と。

だから、誰もが一目置くような「実績」をつくって、「影響力」が生まれたときに、自分と同じレベルの人たちにチヤホヤされて、いい気分になっているようではダメだと思うのです。その**「実績」を最大限に活かして、「ダイヤモンドのような人物」ににじり寄っていくべき**なのです。それこそが、「影響力」の上手な使い方であり、結果的に、「影響力」を最大化する最善の方法なのです。

18 心の中の「ハードル」を超える

「一流の人物」との関係値をつくるための鉄則

「時間」と「手間」をかけることで、相手の「潜在意識」を揺り動かす

「一流の人物」との関係値を築く——。

そのためには、まず第一に、誰からも一目置かれるだけの「実績」を打ち立てる必要があります。しかし、本当のことを言うと、それだけでは足りません。もう一つ、意識しておくべきことがあります。**相手の心の「ハードル」を超えるだけの手間をかける、あるいは汗をかく必要がある**のです。

どういうことか？

項目17で、僕は、「ギャップ×実績」で日本有数の創業家社長との関係値を築くことに成功したと述べましたが、実は、もうひとつ僕が強く意識して実行したことがあります。

すでにお気づきの方もいると思いますが、社長さんに直筆で手紙を書いたということです。直筆で手紙を書くのは、手間のかかるものです。しかも、一度ご挨拶したことがあるというだけで、何のご縁もない目上の方に対して、「会ってください」などと不躾なお願いをするのですから、お目汚しになるような手紙は書けません。

上手な字は書けないにしても、失礼のないように一角一角丁寧に書く必要がありますし、誤字脱字があれば初めから書き直さなければなりません。一通の手紙を書くのに、神経を研ぎ澄ませるとともに、かなりの時間と手間をかける必要があるのです。

しかし、それが僕に「影響力」を与えてくれると思いました。

なぜなら、そのような手紙を受け取れば、誰だって「これは、ずいぶんと手間をかけて書いてくれたんだな」とわかってくれるからです。こちらの「本気」を伝えることができるわけです。そして、その労に報いてあげたいという気持ちが、自然と湧き上がってくる。あるいは、それだけの**手間をかけてくれた相手の「頼み事」を無下《むげ》に断ることにいくばくかの罪悪感のようなものを感じていただける**のです。

このような心理になっていただくことは極めて重要です。

たしかに、僕は、その前にご挨拶したときに、「TBSを辞めて、〝保険屋〟になった」というギャップと、「〝保険屋〟になって、たった1年で日本一になった」という実績によって、社長さんの心にインパクトは与えられたとは思います。

しかし、所詮は「保険営業の世界」における実績にすぎないとも言えます。テレビや新聞で大々的に紹介されるような「実績」であれば、それだけで日本有数の社長さんも「一対一で会ってみたい」と思うでしょうが、当時の僕の実績ではそこまでのパワーはありません。

「一対一で会ってみよう」と思っていただくためには、社長さんの心のなかにある「ハードル」を超えるだけの手間をかけ、汗をかいてみせる必要があった。あのときの僕は、直筆で手紙を書くという手間を惜しまないことで、社長さんの心の「ハードル」を超えることができたのではないかと思うのです。

「影響力」を手に入れるためには、常に、こちらが「先払い」する

あるいは、こんなこともありました。
営業マン時代に、大阪の優良企業の社長さんにアプローチしていたときのことです。ある方の紹介でご縁をいただいたのですが、多忙を極めていらっしゃることもあり、なかなか直接お目にかかることができずにいました。それでもあきらめずに、「ご挨拶だけでもさせていただけませんでしょうか？」とお願いしたところ、次のようなお返事をいただいたのです。

「金沢さんは東京にお住まいですよね？　私はしばらく東京に出張する予定がないので、お急ぎのようでしたら、大阪までいらしていただくことはできますか？　あいにく予定が詰まっていて、15分しか時間が取れないのですが、それでよろしければ時間を調整いたします」

おそらく、その方は本当にお忙しくて、やんわりと断ろうとされたのだと思います。しかし、僕は、「これはチャンスだ」と直感しました。**この「ハードル」を超えることで、相手に対する「敬意」と、自分の「本気」を伝える**ことができるからです。

だから、僕は、即座に「貴重な15分を与えてくださりありがとうございます」とお返事を差し上げ、ご指定いただいた日時に大阪まで飛んで行きました。

これには、相手も「まさか」と驚かれたようです。そして、実際にお目にかかると、15分を大幅に超える時間をご用意くださり、僕の話にじっくりと耳を傾けてくださいました。そして、それ以来、今に至るまで親しくお付き合いをさせていただくだけの関係値を築くことができたのです。

社会的地位の高い方には、多くの人々から「会いたい」というオファーが寄せられています。

どんなに親切な人物であっても、そのすべてに応じることは不可能。だから、一定の「ハードル」を提示して、それを超えてくる人のオファーにだけ対応しようとするのは当然のこと。**「大阪まで来てくれないならば、それまで」「15分では足りないとい**

うならば、それまで」などと、ハードルを超えられない人を切り捨てていくほかないのです。

しかし、ここにチャンスがあるわけです。

その「高いハードル」を思いっきり超えていけば、「一流の人物」はその労に必ず応えてくれます。「高いハードル」を超えるために、時間と手間をかけてくれたことに対して、報いようとしてくれるのです（そういう「義理堅さ」があるからこそ、「一流」になられているのです）。

もちろん、なかには、こちらの「足元」を見て、あまりにも「高いハードル」を課そうとする〝偽物〟もいるのが現実ですから、相手をよく見極める必要はあります。しかし、**影響力を発揮するためには、相手の心を動かすために「先払い」をする必要があります**。まずこちらが、相手の「ハードル」を超えてみせる。それが、「一流の人物」の潜在意識に働きかけるうえで欠かすことのできないことなのです。

19

予約の取れない店の「常連」になる

名店のオーナーの「影響力」と「人脈」を借りる

The magic of influence

「予約の取れないお店」の常連になる〝とっておきの方法〟

「常連」として顔のきく飲食店をもっておく――。

これも、「影響力」を増幅させていくうえでは有効な手立てです。

人間関係を構築していくうえで、心地よい環境のなかで、美味しい食事をともにしながら、じっくり語り合うのは極めて大切なことです。そんなお店をたくさん「持ち札」としてもっておけば、多くの人々と信頼関係を築くうえで役に立つのは言うまでもないでしょう。

しかも、「金沢が連れて行ってくれるお店はすべて、ものすごく美味しい」と思っていただければ、僕の誘いに応じていただける確率は上がるはずですし、**「金沢に聞けば、いいお店を教えてくれる」と思っていただける人は、僕のことを「有用な人間」「付き合っておいたほうがいい人間」として認知してくださるに違いありません。**

あるいは、名店として知名度は高いけれど、なかなか予約が取れなかったり、**「一見さんはお断り」だったりするお店を、「金沢景敏」という名前を出すことによって予約が取れたりすると、それだけで多くの人は僕に対して一目置いてくれるようになります。**

それで、なかなかお付き合いできないような「大物」とのご縁をつくることもできます。

なぜなら、「大物」であったとしても、「予約の取れないお店」にはなかなか行けないからです。**「僕と食事をしてください」とお誘いをしても断られるだけですが、「予約の取れないお店」にお誘いすれば、「じゃ、ちょっと行ってみようかな」となる**わけです。

しかも、来店時に、わざわざオーナーが挨拶に来てくれたり、そのオーナーと親しく会話をする僕を見ることでも、同じ効果が期待できるでしょう。

さらに、そのオーナーを紹介して差し上げれば、誰だって喜んでくれるし、感謝してくれます。そして、何らかの形で僕に「お返し」をしようと思ってもらうことができるわけです。


では、どうすれば「常連」として認知してもらえるか？

僕がおすすめするのは、**「短期間に何度も通う」**という方法です。

例えば、1年間に毎月1回（計12回）通うよりも、3ヶ月間に毎月4回（計12回）通うほうが、絶対にお店の方々の記憶には深く刻み込まれます。

そして、一度、記憶に「常連」として刻み込まれれば、それはなかなか消えていかないのです。だから、僕は「これはいい店だ」と思ったら、短期間で集中的に通うことにしています。

オーナーが店内にいる飲食店の「常連」になる

ただし、僕は基本的に、**オーナーが店内にいる飲食店の「常連」になる**ようにしています。

なぜなら、**お店に関する意思決定を掌握《しょうあく》しているのはオーナー**だからです。例えば、僕がお連れする方のお好みに合わせて、お店のメニューにはない食材を使った料理をお願いしたいとしましょう。そんなときに、「ＯＫ」を出せるのはオーナーにほかなりません。お店に融通をきかせてほしいときに頼りになるのは、何と言ってもオーナーなのです。

それに、**飲食店には「常連」を中心とした人脈がありますが、その人脈の中心にいるのもオーナー**です。

だから、その人脈につながっていこうと思えば、オーナーの信頼を勝ち得ることが不可欠。その人脈につなげていただくためには、オーナーによる「人物テスト」をクリアしなければならないのです。

もちろん、お店にお邪魔したときには、オーナーばかりではなく、店員さんとも丁寧に接します。

これは、人間として当たり前のことですが、店員さんに対して失礼な対応をするような客のことを、ほとんどのオーナーは評価しません。オーナーに認めてもらうためにも、店員さんとも親しくお付き合いするのは当然のこと。そのうえで、オーナーとの信頼関係を築くことにフォーカスしていくわけです。

そして、「短期間に何度も通う」ことで、オーナーの「記憶」に僕という存在を刻みつけるとともに、この本でお伝えしてきたように、率直に自分のストーリーを語って「自己開示」をしたり、オーナーの話に耳を傾けたり、よいお客を連れてくることでお店に貢献したりすることで、徐々に、オーナーとの人間関係・信頼関係を築いていくわけです。

また、僕は、大好物である「肉料理」に特化してお店を開拓してきました。

これが必ずしも正解だとは思いませんが、全方位的にお店を開拓するよりも、何かに特化して掘り下げていくほうが得策ではないかと、僕は感じています。

というのは、時間やお金にも限りがあるので、全方位的に開拓しようとすると各分野における「掘り下げ方」が浅くなりがちだからです。それよりも、例えば「肉料理」に特化したほうが、他の追随を許さないほどの「深み」を得ることができる可能性が高まります。

しかも、僕自身が毎日でも「肉料理」を食べたいという欲求がありますし、「肉料理」の真髄に触れたいという探究心もあります。無理をせずとも、自然と「肉料理のお店」を深掘りし続けることができるわけです。

そして、**「肉料理といえば金沢」という認知が広く得られれば、それによって僕の「キャラ」が強化されます**し、それ自体が「影響力」としても機能し始めます。「肉料理のお店」の情報が欲しければ、僕に連絡をしようという動機づけになるからです。**好きな料理を追求することで、「影響力」が手に入るのですから、やらない手はない**と思います。

個性的なオーナーの「影響力」と「人脈」を借りる

顔のきく「名店」をもてると、さまざまなメリットがもたらされますが、特に大きいのは**「オーナーの影響力」をお借りできる**ことです。

名店と呼ばれるほどのお店を作り上げたオーナーは、どなたもきわめて個性的で有能な方ばかりです。みなさん、それぞれに独特な人脈や得意分野をお持ちなので、それを「お借り」できると、とんでもないパワーを獲得できることがあるのです。

例えば、僕は、ある焼肉屋のオーナーに誘われて、アメリカで行われるゴルフの祭典「マスターズ・ゴルフ・トーナメント」を観戦する機会に恵まれました。

TBS時代にマスターズの中継を担当していましたが、現地に行ったことはありませんでしたし、行ってみたいとも思っていませんでした。ところが、好きで通い詰めていた焼肉屋のオーナーが大のゴルフ・ファンで、長年マスターズの観戦に行っておられ、「今度、一緒にマスターズ観に行かない？」とお声がけいただいたのです。

当時は、ゴルフ経験もありませんでしたし、興味もそこまでなかったので、「どうしようかな……」と思いましたが、TBSにいた頃から、マスターズが行われるオーガスタ・ナショナル・ゴルフクラブに入ること自体がすごいことで、マスターズの観戦チケットも、お金を出せば買えるようなものではないことを知っていました。その焼肉屋のオーナーの「影響力」がなければ、めったなことでは行けない場所ということ。だから、せっかくのチャンスだから、思い切って行ってみることにしたのです。

そして、実際にマスターズの現場で観戦をしているときに、このようなゴルファーにとって夢みたいな場所にいて、世界最高峰のプレーを目の前で見ているのに、自分自身がゴルフをしていないのは、ゴルフとゴルファーに対して失礼だと思い、「ゴルフを始めよう。そして、自分が主催するゴルフコンペを始めよう」と決めたというわけです。

年商1兆円の「大物経営者」は、なぜ、動いてくれたのか?

そのことが思わぬ形で、僕の「影響力」を格段に増強してくれました。

実際にゴルフを始めて、さまざまな方とお目にかかったときに、「実は、ゴルフを始めたのは、マスターズ観戦に行ってからなんですよね」と言うと、どなたも、「え? マスターズに行ってから始めたの?」「なんで行けるの?」「どうやってチケット取ったの?」とみなさん一様に驚かれるのです。要するに、「こいつ何者?」と強烈なインパクトを与えたのです。

そのうえで、その方をゴルフにお誘いすると、かなりの確率で「ぜひ、行きたい」という話になります。

例えば、年商1兆円を超える「超大物経営者」とお話するチャンスがあったのですが、その方は野球とゴルフが大好きでしたから、「マスターズ」の話をして興味をもっていただいたうえで、僕が親しくさせていただいている野球選手の名前を出して、「一緒にゴルフに行きませんか？」とお誘いしました。

すると、普通ならば、相手にもしていただけないほどの「大物」であるにもかかわらず、ほとんどふたつ返事で「ＯＫ」をいただくことができたのです。

しかも、日程調整などをするためにＬＩＮＥの交換までもしてくださった。それ以降、秘書を通さず、直接ＬＩＮＥでやりとりする関係になることができたのです。

つまり、**「マスターズ観戦」をしたという事実が、「超大物経営者」との関係性を構築するだけの「影響力」を与えてくれたということ。そして、「マスターズ観戦」と**

いう機会をくれたのは、好きで通いつめた焼肉屋のオーナーだったというわけです。

自分が好きな料理を出すお店の「常連」になることで、これだけのことが起きるのです。

やらない手はないですよね？

20

「返報性の原理」を正しく活かす

「他者貢献」しても報われない人が勘違いしていること

The magic of influence

「親切なのに嫌われる人」が、無意識でやっていること

「返報性の原理」という言葉をご存知の方も多いと思います。

これは、相手に対して何らかの価値あるものを提供することで、相手が自分に対して報いなければならないと強く感じることです。

相手が「報いなければならない」と思っている心理をテコに、その人にこちらが思うような行動を自主的にとってもらえる可能性が高まるわけですから、「影響力」について考えるうえで、極めて重要なものだと言えるでしょう。

では、相手に「返報性」を感じてもらうにはどうすればよいのか？

非常にシンプルなことです。相手が望んでいることを叶えたり、相手が困っていることを解決したりすればいいのです。

もちろん、力及ばず、希望を叶えたり、困り事を解決できないこともありますが、そのために時間と手間をかけることだけでも、相手は「その労に報いたい」と思ってくれるでしょう。**大切なのは、相手のために貢献しようとすること、すなわち「ギバー（Giver）」であることに徹すること**なのです。

ただし、「ギバー」であるのは簡単なことではありません。

「ありがた迷惑」「親切の押し売り」という言葉があるように、こちらが勝手に「相手によかれ」と思い込んでいるだけで、相手の気持ちを置き去りにしたまま、何かを施してあげようなどという姿勢で「ギブ」すれば、迷惑を通り越して嫌悪感をもたれる結果を招くだけでしょう。

そのような愚行を避けるためには、**何はさておき「何かをしてあげる」「何かを施してあげる」「助けてあげる」などといった〝上から目線〟を自分の心のなかから一掃する**ことです。

それよりも、純粋に「楽しさ」を追い求めればいいと思うのです。

相手に何かを「ギブ」することで、相手が心から喜んでくれたり、満面の笑顔を見せてくれたりしたら、誰だって嬉しいですよね？　相手が喜んでくれたことで、自分という存在に自信がもてますよね？　そんな**ハッピーな感情を純粋に追い求めれば、自然と「ギバー」へと成長し、結果として「影響力」を増していくことができる**のだと思うのです。

「ギバー」になるために、「自己犠牲」は必要ない

ただし、2つほど注意しておきたいことがあります。

第一に、**「ギバー」であることと、「自己犠牲」とは全く違う**ということです。そもそも人間は、「自分の適正利潤」を確保しなければ、生きていくことはできませんから、それを得ようとするのは全く間違ったことではありません。**相手に「ギブ」するときに、「自分の適正利潤」もちゃんと考慮に入れていい**のです。

むしろ、**自分のために頑張れない人はダメ**です。自分のために頑張れない人が、人のため、周りのためにも頑張る「ギバー」になることはできません。まず、自分が満たされ、自分がハッピーでなければ、「ギバー」になどなれはしないのです。

というよりも、**僕は、「自分の適正利潤」をきちんと主張しない人を信用することができません。**

もちろん、「ちょっと席を譲る」とかそういう類の〝ちょっとした親切〟なら、「自分の適正利潤」などをいちいち考える必要はありません。純粋な親切心でやればいい。だけど、それなりの労力がかかることを「ギブ」するときには、その裏側になんらかの「自分の適正利潤」があるのが当然だし、それを明示したほうがいいと思うのです。

たしかに、広い世の中には、本当に「無私」の人格者がいらっしゃるのかもしれませんし、そういう方が実在すれば、僕は心の底から尊敬します。だけど、それで生きていくことがどれほど過酷なことであるかは、ちょっと想像すればわかること。そんなだいそれたことは、常人にはとてもできっこないのです。

ところが、**なかには「自己犠牲」的な装いをしながら、〝善人〟っぽい雰囲気で近づいてくる人もいます。**こちらにとってのメリットはわかるのですが、その人にとっての「利益」がわかりにくいのです。

僕は、こういう人に対して不審の目を向けずにはいられません。「タダより高いものはない」という言葉がありますが、まさにそれ。「タダでいいよ」と商品をもちかけてくる人は、必ずあとで何かをふっかけてくるに決まっている。そうでなければ、人は生きていけないのだから、それが当然のことでしょう。

だから、僕は、「自己犠牲」的なことを言う人よりも、「自分の適正利潤」を明示している人のほうが信用できます。「なるほど、あなたはそういう〝利益〟がほしいから、僕にこんな〝ギブ〟をしてくれるんですね」と納得できるからです。

もしも、相手が求める「利益」が過大だと思えば、僕はそれを指摘して調整してもらおうとするでしょう。あるいは、相手と僕の間では「いい話」であっても、第三者や社会にとって「利益」のない話であれば、それも調整してもらうでしょう。そういうコミュニケーションを取ることができれば、**お互い納得できる「互恵的な関係性」を築くことができる**はずなのです。

実際、僕は営業マン時代、多くのお客様にさまざまな「ギブ」をしましたが、同時に、僕は「保険屋として成功したい」とはっきりとお伝えしていました。もちろん、僕はお客様に「保険を売ろう」とはしませんでしたが、「僕の夢」や「僕の利益」についても明示していたのです。

だからこそ、僕が「ギブ」したことを喜んでくださったら、僕から保険に入ってくださったり、僕に知人をご紹介してくださるなど、なんらかの「お返し」をしてくださった。そして、このように、**お互いに「ギブ」し合うことで、多くのお客様と永続的な人間関係を育んでいくことができるようになった**のです。

「テイカー」と付き合うのをやめれば、それだけで「人生」は一変する

ここで2つ目の注意点があります。

それは、**「ギバー」ではない人に、「ギブ」してはならない**ということ。要するに、「ギブ」をするならば、相手を選ぶべきだということです。

僕は、世の中には2種類の人間がいると思っています。

「テイカー(Taker)」と「ギバー」です。**「テイカー」とは、「自分の利益のためだけに、人から奪おうとする人」**。一方、**「ギバー」とは、「人に利益を与えると、自分にも与えられることを知っている人」**です。

つまり、「テイカー」とは「返報性の原理」が働かない人物ですから、そのような人に「ギブ」をしても奪われるだけ。付き合ってはいけないのです。僕自身、「テイカー」のお客様に何度も「ギブ」をして、心身ともに消耗したことがありますから、自然と、両者を嗅ぎ分ける嗅覚が研ぎ澄まされていきました。そして、「ギバー」とのみお付き合いするようにしてきました。

僕の観察するところ、**世の中で長期的に成功されている方はみなさん「ギバー」**です。おそらく、多くの「ギバー」と互恵的な関係性を築くことで、成功の基盤を分厚くされているからではないかと思います。

一方、**「人から奪う」ことで利益を得ようとする「テイカー」は、一時的に成功することはあっても、長期的に持続することはほとんどありません。**なぜなら、奪える人から奪い尽くしたら、次の奪える人を探すわけですが、それは〝焼畑農業〟と同じことで、いずれジリ貧にならざるを得ないからです。いや、それ以前に、「犠牲者」や「敵」を多く作り出すことから、社会的に存在が許されなくなると言えるのかもしれません。

そして、**一番「損」をしているのが、「テイカー」と付き合って、一方的に奪い取られている「ギバー」**です。

これまで、僕はそういう「ギバー」を何人も見てきましたが、いつも歯がゆい思いをさせられました。〝成功〟する「テイカー」は、一見魅力的な人が多いのですが（詐欺師にも一見魅力的な人が多いそうです）、それにコロッと騙されているのです。

これは、あまりにももったいない。そういう人が、**「テイカー」と付き合うのをやめて、「ギバー」とだけ付き合うようにすれば、人生は一変する**はずです。その人の人生に「返報性の原理」が稼働することで、「ギブ」すればするだけ「豊か」になるというサイクルが回り始めるからです。

21

どんどん「他者の能力」に頼る

100人の能力を借りれば、「影響力」は100倍になる

The magic of influence

ある人に「貢献」するために、誰かの「能力」を借りる

相手の「望み」や「課題」を知る——。

そして、その「望み」を叶え、「課題」を解決するために貢献することによって、相手はこちらに「お返しをしたい」と自発的に思ってもらえる。この「返報性の原理」を働かせることは、「影響力」を身につけることに直結すると言えます。

ただし、相手の「望み」や「課題」に貢献しようと思っても、自分ひとりの力でできることなどたかが知れています。

ここで活きてくるのが「顔の広さ」です。日頃からできるだけ多くの人と接触する

ように心がけ、お互いに「返報性の原理」が働くような「互恵的」な関係性を築いておくことが大切なのです。

なぜなら、**僕のもっている能力では、ある人の「課題」を解決することができなかったとしても、僕の知り合いのなかに、その能力をもつ人がいるかもしれないからです。もしも、そういう人物がいれば、僕がふたりを引き合わせればいい。**そうすれば、その「課題」は解決されるかもしれない。その結果、紹介した僕に対しても「返報性の原理」が働くはずなのです。

例えば、こんなことがありました。

保険の営業マンだった頃に、駆け出しの起業家と知り合い、そのときは保険に入っていただくことはできなかったのですが、馬が合ったこともあり、その後もときどきお目にかかるような関係性を続けていました。

そして、数年にわたってお付き合いをしていると、彼の「望み」や「課題」が刻々と変化していきました。創業当初は、資金調達に関して悩みを抱えていましたが、元テレビ局員の〝保険屋〟である僕に対応できることはほとんどありません。そこで、僕は、銀行や証券、ベンチャーキャピタルなどの金融関係者のなかから特に信頼できそうな人を紹介したり、先輩起業家との会食の場をセッティングしてアドバイスがもらえるようにしたりしました。

その後、成功への足がかりをつかんで、事業拡大を目指す局面では、人材採用や組織マネジメントについて「課題」を抱えるようになり、それを乗り越えると今度は、株式上場も視野に入るようになるなど、起業のステージごとに目まぐるしく「望み」や「課題」は変化。そのたびに、僕は、専門的な知見をもつ人々を彼につなぐことで「貢献」を積み重ねていきました。

100人の「能力」を借りられれば、「影響力」は100倍になる

こうして、ビジネスのことで「貢献」することによって、彼との信頼関係が太くなってくると、今度は、プライベートにかかわる「望み」や「課題」についても相談を受けるようになります。いわば、ちょっとした「友人」のような存在に近づいていくわけです。

例えば、「贅沢したいわけじゃないけれど、社長としてふさわしい車には乗ったほ

うがいいよね?」などという相談を受ければ、知り合いの高級車ディーラーを紹介したり、「最近、肩こりがひどくて……」などとこぼしたら、僕もお世話になっている整体師を紹介したり……。

そんな友人付き合いができるようになると、彼も僕に対して友人として「お返し」をしようとしてくれるようになります。

会社が予想を超える利益を叩き出したときには、決算対策で高額の保険に入ってくれたり、彼が仕事で接点のある富裕層の方々を僕に紹介してくれたりするのです。まさに、「返報性の原理」の恩恵に浴することができるわけです。

そして、改めて指摘するまでもありませんが、**僕自身の能力で「貢献」できたことは、実はほとんどありません。ほぼすべて、僕の知人の力を借りている**のです。しかし、それでいい。というか、そうであることが大切なのです。

なぜか?

第一に、多くの人の能力を借りたほうが、多くの人に「貢献」できるからです。

僕になんらかの専門性や能力をもつ100人の知人がいて、その力を借りることができるならば、ざっくり言って、僕は100の「望み」や「課題」に対応することができることになります。

こんなことは、ひとりの力ではとても無理です。

僕がどんなに努力しても、誰かの「望み」や「課題」に対応できるだけの能力を身につけられるのは、せいぜい2~3の分野くらいではないでしょうか？ 凡人にできるのは、せいぜいそのくらいのこと。いや、**いろんなことに中途半端に手を出すよりも、2~3の分野で確かな「腕」を磨くことで、確実に誰かに「貢献」できるだけの実力を身につけるべき**なのです。

そのためにも、積極的に人の力を借りたほうがいい。それも、できるだけ多くの人の力を借りられるようにしておくのが望ましい。多くの人々に「貢献」することができれば、それだけ「互恵的な関係性」を結ぶ相手をたくさん増やすことができます。いわば、**100人の「能力」を借りられれば、「影響力」は100倍になる**と言ってもいいかもしれません。

人々の「望み」や「課題」を知り、それを上手に結びつける

第二に、「能力」を借りた人との関係性も強化できることがあります。

当然のことですが、ある人に「貢献」するために、誰かに「協力」をお願いするときには、その〝誰か〟にとってもメリットがあるようにします。そうでなければ、プロフェッショナルとして磨いてきた「能力」を、気持ちよく提供してくれるはずがありません。

先ほどのケースでいえば、僕が紹介した金融関係者など専門的な知見をもつ人のことを、起業家が高く評価すれば、当然、そこからビジネスとしての関係が始まることになります。

あるいは、先輩起業家と会食をセッティングする場合も、お互いにシナジーがありそうな業態の起業家を呼ぶことで、少なくとも情報交換という価値は生まれますし、場合によって事業提携へと発展する可能性だってあります。

あるいは、こんなこともありました。

ある人物から紹介されて、女性税理士にお目にかかったときのことです。いろいろなお話をするなかで、その方が、高校野球の大ファンであることがわかりました。それでピンときました。僕の知人である野球選手を紹介すれば喜んでくれるはずだ、と。

しかも、ちょうどその頃、大学野球で大活躍をしてプロ球団に入ったばかりの野球選手から、「プロ選手になったので、お金の管理をしてくれる人を紹介してほしい」という相談をされていました。そこで、その野球選手を女性税理士に紹介すれば、双方から喜んでもらえると考えたのです。

その狙いは、完璧にはまりました。

喜んでくれた女性税理士からは、大口の保険契約を求めている人物をご紹介いただきましたし、野球選手からは、「お金の相談に乗ってほしい」と知人のスポーツ選手を僕に何人も紹介してもらえました。言ってみれば、僕は両者を結びつけることによって、「人脈」が広がるとともに、「影響力」を手にすることができたということです。

このように、**お互いの「望み」や「課題」を正しく認識して、それを上手に結びつ**

けることができれば、僕も含めて三者ともにハッピーになれるわけです。

こう言ってもいいでしょう。**誰かのために「人脈」を使えば使うほど、「人脈」は大きく育っていく、**と。なかには、自分がコツコツと築いてきた「人脈」を独り占めしようとする人もいますが、これは得策ではありません。むしろ、目の前の人に「貢献」するために、積極的に「人脈」を活用する。その結果、「人脈」はさらに大きく育っていくのです。

言うまでもありませんが、「〝人脈〟は使えば使うほど増える」という法則は、「ギバー」のために「人脈」を使う場合にのみあてはまることです。

「テイカー」のために「人脈」を使っても、「テイカー」はそれを利用するだけ。いや、あなたの「人脈」を傷つけてでも、「自分の利益」を得ようとするでしょう。だから、「人脈」は「ギバー」のためにだけ使うのが鉄則。**「ギバー」には出し惜しみすることなく「人脈」を活かす。そうすることで、「人脈」は無限に拡大・増幅していく**のです。

22

すべての人と「対等」に付き合う

一流の人物に「配慮」はしても「遠慮」はしない

The magic of influence

「影響力」のある人物と付き合うときの〝落とし穴〟

「影響力」のある人物とどう付き合うべきか？

これも、よく考えておくべき重要な問題です。

この世の中で「**大きな仕事**」を成し遂げるためには、「**影響力**」**のある人物との関係性を構築しなければならないのですが、ここに深刻なジレンマが生じることが多い**からです。どういうことか？　僕の実体験のなかから、わかりやすいケースをご紹介しましょう。

ある人物の紹介で、とある経営者の方とのご縁をいただいたときのことです。

実際にお目にかかると、ありがたいことに、年間4000万円の保険料という高額契約をお考えとのことでした。もちろん、営業マンとしては何としてもお預かりしたい契約。高額なオファーには、それだけ強烈な「影響力」があるということです。

しかし、契約に向けて話を進めているときに、看過できない出来事がありました。その方から電話があり、こんなお誘いを受けたのです。

「知人と飲むから、今すぐおいでよ」

この言葉を聞いただけで、正直なところ、僕はムッとしました。なぜなら、一人でも多くのお客様に面談しようと動きまくっている「大の大人」である僕の都合も聞かず、「今すぐおいでよ」などと言うのは失礼だと感じたからです。

しかも、あいにく僕には別のお客様とのアポイントがありましたので、そのお誘いに応えることは不可能。そこで、「申し訳ありませんが、予定があるので今すぐお邪魔することはできません」とお伝えしました。すると、その方は驚くべき言葉を口にしたのです。

「君、営業マンでしょ？　４０００万円の契約ほしくないの？」

〝エサ〟につられれば、「自信」や「誇り」を失ってしまう

これには唖然としました。

まるで、「４０００万円」という〝エサ〟をぶら下げるような物言いだったからです。

たしかに、「４０００万円の契約」は僕にとってとても大きなものですが、それと引き換えに、**「一人の人間」として払われるべき「礼節」が損なわれるのは許し難かった。**

しかも、こんな「誘い」に応じるために、アポイントをいただいていた別のお客様の予定を変更するのは、その方に対しても失礼千万。**「４０００万円」という〝エサ〟につられて、他のお客様との約束を反故にするような人間になってはいけない**と思いました。

それに、一度、このような「誘い」に応じてしまうと、おそらく、その経営者のお客様は、**僕のことを「〝エサ〟につられて、何でも言うことを聞く男」と見くびる**でしょう。それでも、彼のご機嫌を取っていれば、「4000万円の契約」をお預かりする以外にも、なんらかの利益にありつけるかもしれません。

しかし、そういうことをしてしまうと、僕は、根本的な部分で、自分に対する「自信」や「誇り」をもてなくなってしまうでしょう。しかも、**そんな僕の姿を見た第三者は、僕という人間に対する「評価」を下げ、結果として、僕は「影響力」を失っていってしまう**に違いありません。

だから、僕は、後日、その「4000万円の契約」はお断りしました。

そのお客様はたいへん驚いて、「4000万円をどぶに捨てるつもりか？」とおっしゃいましたが、「ええ、構いません」と即答すると絶句されていました。

正直にいえば、「惜しいことをしたな……」という気持ちがなかったといえば嘘になります。だけど、その後、お目にかかった方々に、このエピソードを伝えると、みなさん一様に僕の「考え方」に共感してくださいましたし、僕に対する「信頼感」をもってくださったように思います。

つまり、**「4000万円の契約」を捨てた代わりに、僕には「影響力」が与えられた**ということ。そして、これが僕にビジネス上のさまざまなメリットをもたらしてくれただけではなく、僕の「生き方」を豊かなものにしてくれたと思っています。

「影響力」の有無にかかわらず、すべての人と「対等」に付き合う

このように、僕は、**「影響力」の強い人物を相手にするときにも、決して媚びてはいけない**と考えています。**「影響力」が強かろうが弱かろうが、すべての人と「対等」に付き合う。**これこそが、自分の「影響力」を最大化するために、絶対に揺るがせにしてはいけないことだと思うのです。

だから僕は、人の名前の「呼び方」にも気をつけています。

日頃から、政治家や医師、弁護士、経営者、スポーツ選手などとお付き合いさせていただいていますが、僕は、**みな一様に「○○さん」と呼び、「○○先生」や「○○**

社長」などという呼び方はしません。

なぜなら、その人は僕にとっての「先生」でも「社長」でもないからです。僕が勤める会社の社長に対しては「○○社長」と呼びますし、僕の主治医や実際に何かしら教えをいただいている方に対しては「○○先生」と呼びますが、それ以外の人は「○○さん」で統一することで、妙な差別化をすべきではないと思うのです。

これは、アメフトで学んだことかもしれません。

というのは、アメフトのフィールドに立てば、すべての選手は「対等」だからです。対戦相手が僕より歳下だからといって、試合中に僕を敬ってくれるわけではありません。年齢も立場も関係なく、ただシンプルに「優れたプレイ」をするために対等にぶつかり合う。それが、アメフトなのです。

社会も同じです。**歳上か歳下か、先輩か後輩か、社長か平社員か……など、立場や職業などにかかわりなく、すべての人に対して等しく敬意をもち、丁寧に接する。**そして、社会というフィールドで「価値」を生み出すために切磋琢磨をする。こういうスタンスに徹するべきだと思うのです（言うまでもありませんが、同じ組織やチーム内では「歳上—歳下」「先輩—後輩」などの関係をわきまえることが大切です）。

もちろん、**相手が目上だったり、社会的地位が高かったりすれば、それ相応の「配慮」はします。しかし、それが過剰になれば、そこには歪んだパワーバランスが生まれてしまい、健全な人間関係を楽しむことができなくなってしまう**でしょう。

だから、**相手がどんなに「影響力」の強い人物であっても、「配慮」はしても、「遠慮」をしてはならない**と僕は考えています。お互いにひとりの人間として「対等」に付き合う。もしも、それを損ねるような言動をした場合には、「遠慮」なく指摘する。それでも、相手が改めないのならば、無理に関係性を維持する必要はないと腹をくったほうがいいのです。

年商数百億円の社長さんにも、率直に「自分の意思」を伝える

実際、こんなことがありました。

年商数百億円の上場企業の創業社長の方と、「ふたりで食事に行きましょう」と約束したときのことです。

その方とはすでに何度も会食をセッティングして、シナジー効果が期待できそうな「一流の人物」を紹介するなど、親しい関係性を構築。秘書を通すことなく、直接、LINEや電話のやりとりをする間柄でした。

ところが、前日に秘書の方から、「時間の都合がつかなくなったから、食事の予定を変更してもらえないでしょうか？」とメールが届いたのです。

これに、僕はがっかりしました。

「約束をドタキャンされたことに」ではありません。あれだけの重責を担っている社長さんですから、急遽、予定を変更せざるをえないことがあることくらいは、もちろんわかっています。そうではなく、自分で連絡をせず、秘書からメールを送らせたことに、僕は違和感を感じたのです。

一緒に食事をする約束は、僕と相手が、一対一で交わしたものです。その約束を変更したいのなら、秘書に連絡をさせるのではなく、自分で直接、連絡をするのが筋のはず。それが「礼儀」というものだと思ったのです。

そこで、僕は直接、その経営者の方に、「直接、ご連絡をいただきたかったです」

と率直にお伝えしました。

すると、その日の夜に、改めてご本人から、お詫びのメールが届きました。

正直なところ、僕はちょっとホッとしました。場合によっては、これで関係値が壊れるかもしれないと思っていたからです。

しかし、たとえそうなったとしても、これは伝えなければならない。そうでなければ、健全な関係性を続けることができなくなるかもしれない。そのほうが、よほどふたりにとって不幸なことだと思ったのです。

その社長さんは、「同じ人間同士、対等な関係性を楽しむ」という価値観を共有してくださる方でした。

だからこそ、彼は、わざわざ僕に直接、お詫びの連絡をくださったのです。そして、このようにはっきりと自分の意思を伝えたからこそ、その後、お互いに敬意を払い合い、お互いに相手を高め合うような、健全な関係性を築き上げることができたのではないかと考えています。

つまり、**自分の意思を伝えたことで、僕はその社長さんに対する「影響力」を増強することができた**ということ。そして、**大企業の社長さんと「対等な関係性」をつく**

った僕に対して、多くの方々が一目置いてくれるようになったのです。

これって、実は「楽」なことではありません。

はっきり言って、「影響力」の強い人物に対して、完全に謙《へりくだ》った関係性をつくるほうが「楽」です。しかし、それでは僕自身の「影響力」を強めることはできません。

どんなに立派な人に対しても、「対等」であることを一貫して示すのは、気力と体力を激しく消耗することではありますが、それが僕という人間を鍛え上げることであり、僕の「影響力」を最大化する道なのだと思うのです。

第5章

「影響力」を最大化する方法

23

人脈の「キーマン」はいらない

誰かに「生殺与奪」を握られない絶対戦略

The magic of influence

「キーマン」に頼ることには、〝危うさ〟が伴う

僕は「キーマン」はもつべきではない、という考えです。

キーマンとは、この世の中に存在している「人脈」へのアクセス・ポイントとなる人物という意味。その人物の「影響力」を借りることで、「人脈」を活用することができれば、世の中で大きな仕事を動かすことができることは否定しませんが、僕はそういう戦略は取らないと決めているのです。

もちろん、それが唯一絶対の答えだとは思いません。

例えば、職人的な技術や、クリエイティブな感性を活かす仕事をしている人であれ

ば、世の中とのアクセスはキーマンに任せて、自分はできるだけ「作品」に集中するのが正しいといえるかもしれません。

なぜなら、そういう人々が「影響力」を増幅させる最大のエンジンは、「作品」のクオリティであり、その評価だからです。人脈を築くためにエネルギーを注ぐよりも、「作品」にできる限りのエネルギーを注ぎ込むのが正しいのは当然のことでしょう。

実際、ある優秀なクリエイターから、「〝5人のキーマン〟をもつことができれば、この世界で生きていける」と聞いたことがありますが、彼のような職能をもつ人であれば、そのとおりだろうと思います。

しかし、そうした特殊な職能をもたない、一般のビジネスパーソンの場合は、話が違ってくると僕は思っています。むしろ僕は、保険の営業マンとして試行錯誤をしていた頃に、**「キーマンに頼ること」の〝危うさ〟**を思い知らされました。どういうことか？　具体的なエピソードでお伝えしましょう。

どうすれば、経営者などの富裕層への人脈を切り拓くことができるか――。

プルデンシャルに入社して3年目、TOTに個人保険のみで到達した頃、これ以上

〝寝袋生活〟を続けることに体力的・精神的な限界を感じた僕は、営業戦略を抜本的に変えることにしました。富裕層にアプローチすることで契約単価を上げる方向へと舵を切ることにしたのです。

しかし、そのためのノウハウなど皆無。

そこで、富裕層へのアプローチで結果を出しているライバルを観察すると、彼らの多くが「税理士」と組んでいることがわかりました。

ほとんどの会社には顧問税理士がいて、〝お金まわり〟の意思決定に関して、社長に対して強い「影響力」をもっています。例えば、税理士が「財務対策のために保険に入りましょう」と進言すれば、多くの社長は「なるほど」と前向きに考える。この「影響力」を借りることで、社長とのコネクションをつくっていくわけです。

「紹介される人」より「紹介する人」のほうが強い

たしかに合理的な方法だと思った僕は、早速試してみました。

幸いなことに、すでに保険の営業マンとして「実績」を上げていましたから、その「影響力」が効いて、すぐに有力な税理士との提携が決定。ところが、これに大きな違和感を感じるのに時間はかかりませんでした。

はじめから、なんだかおかしかった。

というのは、紹介された社長さんに初めて会いにいく前に、その税理士とミーティングをしたときに、彼が「保険料はこのくらいを提案するのがいいと思う」と、かなり高額の保険料を口にしたからです。

これには、正直、違和感を感じました。提案内容は「保険のプロ」である僕に任せるべきだと思うし、その会社の決算内容を見ると、税理士の言う金額はあまりにも高額だと思ったからです。

そして、実際に社長さんに僕がひとりでお目にかかって、詳しくご事情を伺った結果、やはり税理士の言う金額は高すぎると判断。僕は、かなり減額したプランを提示して、それに社長さんは同意したのです。

ところが、後日これを税理士に報告すると、彼は強い不満を漏らしました。信じがたいことですが、こんなことを言われたのです。

「どうして、金額を下げたんですか？　あなたの話はよくわかるけれど、あの会社のキャッシュフローを見ているのは私です。ちゃんと見てるんだから、私が言った金額でやってくれ」

そして、その後の一言が決定的でした。驚くことに、彼はこう言ったのです。

「そうじゃないと、私の取り分が減るじゃないですか」

こんなことを言う税理士は、まずいないと思います。たまたま、僕がそういう税理士と組んでしまったということです。

しかし、これに僕は我慢できない。保険契約は、僕や税理士のものではなく、お客様のものです。お客様にとって最適なものをおすすめするのが僕の仕事であり、その結果、お客様から「信頼」していただくことが、僕の財産なのです。だから、この税理士には、その場で、「この話は断ります」と明言。もちろん、提携関係も解消しました。

そして、こう考えました。

もっと真面目な税理士はたくさんいるだろうが、もう税理士と組むのはやめよう、と。

なぜなら、**「紹介者（＝キーマン）」のほうが、「紹介してもらう人」よりも強い「影響力」をもつ**からです。つまり、こちらが税理士にお客様を紹介してもらう立場である限り、主導権を握るのは税理士だということ。〝我の強い〟タイプである僕にこれは向いてないし、その結果、自分の信条がぶれるようなリスクをとるべきではないと考えたのです。

交流会においても、キーマンの「影響力」が鍵を握る

では、どうやって富裕層へのパイプを切り拓くのか？

次に着目したのが「交流会」でした。富裕層から保険契約をお預かりしているライバルのなかには、経営者をはじめとするアッパー層が集まる「交流会」に参加して、そこでコネクションをつくっている人がいることを知ったからです。

そこで、いろんな「交流会」に顔を出してみたのですが、ここでもキーマンという存在の重要性に直面させられました。

というのは、交流会で出会った方に、後日ご連絡を差し上げても、なかなか会ってもらうことができなかったからです。僕が〝保険屋〟であることはわかっているのだから、警戒されるのも仕方のないことでしょう。

そこで重要になるのが、僕が、**「交流会」の主催者としっかりと信頼関係を築いたうえで、その「影響力」を借りる**ことでした。例えば、参加者の方にメールを差し上げるときに、「CC」で主催者を入れておくだけで、劇的に反応が変わったのです。

これは、考えてみれば当たり前のことで、その「交流会」に参加するのは、主催者を信頼しているから、あるいは、主催者との距離を近づけたいと考えているからです。その主催者が「お墨付き」を与えた僕という人間と親しくすることは、主催者との関係性を深めるためにプラスになるわけです。

このように、**「交流会」で人脈をつくるためにも、主催者というキーマンに紹介してもらうことが決定的に重要**だということです。

キーマンに「生殺与奪」を握られてはならない

ただ、しばらくたった頃、あることに気づきました。

何も主催者の「影響力」をお借りする必要はない、と。もちろん、僕は何人もの親切で有能な主催者の方々に可愛がっていただき、多くの素晴らしい出会いに恵まれることができました。その感謝の気持ちは、今も変わりません。

しかし、一方で、不自由さもありました。

なぜなら、**キーマンである主催者との関係性が途切れるようなことがあると、その主催者を通じて知り合った方々との関係性にも影響が及ぶかもしれない。**しかも、**数名のキーマンしかいなければ、そのひとりを失うだけでも、僕にとっては痛手となります。そのために、キーマンの意向を無視しにくくなる**わけです。

だから、主催者の「影響力」をお借りするのではなく、僕自身が交流会の主催者になれば、僕自身が「影響力」をもつことができると考えました。

幸いなことに、僕には交流会を主催できるだけの「ご縁の資産」もでき始めていました。これまでに培ってきた人間関係に加えて、数々の交流会をきっかけに魅力的な人たちとのご縁も広がっていましたから、彼らに声をかけることで、僕が主催する交流会を成立させることができると思ったのです。


こうして、僕はキーマンに頼るスタイルから脱却すべく、意識的な活動を開始しました。

キーマンに頼るスタイルに陥ってしまうと、そのキーマンとの関係性を傷つけたら、その先にある人脈との関係性も失ってしまう。いわば、**キーマンに生殺与奪権を握られる**ようなものだからです。


そのような立場に陥らないためには、どうすればよいか？

まずは、次の2つのポイントを意識するといいでしょう。

第一に、**一方的に「影響力」を借りる相手はつくらない**ということです。

その人の「影響力」によって、誰かを紹介してもらえたときには、必ず、こちらもその人にとって有益な人物を紹介するなど「お返し」をする。こうして、対等な関係性を築くことで、相手をキーマンとして優位に立たせないようにするわけです。

第二に、そのように**対等な関係性で、お互いの「影響力」を共有する相手をたくさん増やす**ということです。

そういう相手が少なければ、どうしてもその関係性を失いたくないという思いが芽生えてしまう。そのため、彼らの意向を尊重せざるを得なくなるわけです。

逆に、そういう相手がたくさんいれば、無理をしてまで付き合う必要はありません。お互いの意見が合わない局面に出くわしたときには、関係性を切っても大勢に影響がないからです。つまり、僕が、「それは正しくない」と思うことをやらない自由を手にできるというわけです。

24

「人脈」を囲い込んではならない

誰かのために「人脈」を使えば使うだけ、「人脈」は増える

The magic of influence

「影響力」を共有することで、お互いに「人脈」を広げる

「影響力」を共有する——。

このスキルの重要性を認識したのは、交流会を主催することとの限界に気づき始めた頃のことです。

項目23でお伝えしたように、僕は、キーマンに頼らず交流会を開催することで、自らの「影響力」を増幅させようと努力し始めました。定期的に交流会を開催して、すでにご縁のできた経営者などのお知り合いを連れてきてもらえるように依頼するなど「人集め」に奔走。経営層をはじめとするアッパー層とのコネクションを広げることができるようになりました。

しかし、これにも限界があったのです。

参加者も多く、立食の交流会の場に、お呼びできるのは比較的若手の経営者に限られるからです。上場企業の経営者といった、いわゆる「大物」とのコネクションをつくるには、交流会という場はふさわしくないのです。

そこで、僕は、ごくごく限られた少人数での会食などへと移行することで、「大物」とのコネクションを開拓していく方法を模索していくようになりました。そのときに、「〝影響力〟を共有する」ということを強く意識するようになったのです。

当初は、知り合いの営業マンとの共催で「社長合コン」を数多くやりました。

例えば、不動産の営業をやっている知人が3人の経営者を呼び、僕が3人の経営者を呼んで、8人で会食するわけです。

当時はまだ、僕だけでは「社長合コン」をするだけの人的ネットワークがなかったので、**知人の「影響力」と僕の「影響力」を共有することで、お互いに経営層へのコネクションを深めていくきっかけづくりをしていた**ということです。

もちろん、「社長合コン」と言っても、女性を呼んで盛り上がるという趣旨ではありません。初対面の「社長さん」を集めて、「社長さん」同士仲良くなっていただこうというのが狙いです。

普段、経営者はおひとりで思い悩むことも多いので、同じ経営者として「ビジョン」や「悩み」を共有していただく場を設けるだけでも、みなさんにはたいへん喜んでいただけます。時には、お互いのビジネスにシナジーを生み出すことができることがわかり、その後、ビジネス・パートナーとなるようなこともありました。

このように、知人と僕が「影響力」を共有することで「社長合コン」を開催し、そこに参加された社長さんに喜んでいただいたり、メリットを見出していただけたりすることで、知人と僕は、新しく出会った社長さんたちとのコネクションをつくり、彼らに対する一定の「影響力」を身につけることができます。

しかも、知人と僕の間には「貸し借り」はありませんから、「対等」な関係性を継続することができる。この要領で、さまざまな知人と「影響力」を共有することで、**僕は誰かをキーマンとすることなく、富裕層へのパイプを少しずつ切り拓いていった**のです。

常に「会わせたい人リスト」をつくっておく

こうして、僕自身の人的ネットワークが広がってくると、知人との共催ではなく、僕ひとりで「社長合コン」のような会食やゴルフをセッティングすることができるようになっていきました。

そのために、僕は、常に**「会わせたい人リスト」**をつくっています。

これまでにご縁をいただいた方々のなかで、**「このメンバーで集まったら楽しいひとときになる」「この方とこの方をつないだら、おもしろいことが起きそうだ」「この方とこの方はきっと意気投合するだろう」などという観点で、集めるメンバーを想定してリスト化しておく**のです。

また、このときにも「影響力の共有」を強く意識します。

例えば、僕が超大物の経営者にご挨拶する機会に恵まれたとしても、その程度のことで、僕が主催する会食にお誘いしても体《てい》よく断られるだけですが、その方が元甲子園球児で、いまも心から野球を愛しているということであれば、僕が付き合っている野球選手との会食であれば来てくださる可能性があるでしょう。つまり、知り合いの野球選手の「影響力」を借りることで、僕の力だけでは動いてくださらない経営者を動かすことができるわけです。

一方、その野球選手にすれば、僕の会食に参加することで、超大物の経営者とのコネクションをつくることができるというメリットがあります。ここでは、経営者の「影響力」を借りているわけで、いわば、僕が触媒として機能することで、おふたりの「影響力の共有」が成立していると言うこともできるでしょう。

そして、この会食がうまくいき、経営者と野球選手の双方に満足していただくことができたとすれば、そういう会食を実現した僕の「存在意義」も認識していただけるはずです。

もしかすると、「こんなに有意義な時間をつくってくれた金沢という男に、何かお返しをしてあげないとな……」と思っていただけるかもしれないし、「この金沢が設定する会食は面白そうだな。今度誘ってくれたら、また参加しよう」と思っていただけるかもしれません。

少なくとも、おふたりの潜在意識において、僕は「好ましい存在」として印象づけられている可能性が高いと思います。つまり、おふたりの「影響力」を共有することで、おふたりに対する僕の「影響力」も、わずかなものとはいえ生み出されているというわけです。

「わらしべ長者」のように「影響力」は増幅していく

この「影響力の共有」が上達すると人脈は劇的に広がります。「わらしべ長者」のようなものです。

ご存じのとおり、貧乏な男が、観音様の教えに従い、1本のわらを持って旅に出ます。しばらくして、そのわらの周りをアブが飛び回り始めます。うっとうしく思った男は、アブをわらの先にくくりつけます。

そうして歩いていると、親子連れとすれ違います。ぐずっている子どもは、男が持っているアブ付きのわらを見るなり、「あれがほしい」と駄々をこねます。母親は

「無理を言ってすみませんが……」と男からわらを譲ってもらい、お礼に、男にみかんを渡します。

その後、「みかんがほしい」と申し出た人にみかんを渡して、お礼に上等な反物をもらい、「上等な反物がほしい」と申し出た人に反物を渡して、お礼に馬をもらい、「馬がほしい」と申し出た人に馬を渡して、お礼に屋敷をもらい……ついには長者になってしまった。これが「わらしべ長者」のあらすじですが、「影響力の共有」によって、同じようなことが起きるのです。

プルデンシャルに転職した当時、何者でもなかった僕でしたが、目の前の人との信頼関係を築き、その方々の「影響力」をお借りしたり共有したりさせていただくことで、先ほどの例のように、超大物の経営者や野球選手ともお付き合いできるようになったのです。

そのために大切なのは、**お付き合いをしている方々ひとりひとりが、何を望んでいるかを深く洞察するとともに、その望みを叶えるために誠心誠意努める**ことにほかなりません。

その気持ちさえ本物であれば、誰でも「影響力の共有」というスキルを高めることができます。そして、「わらしべ長者」のように、自らが大きな「影響力」を手にすることができるようになるのです。

25

「影響力」には〝流れ〟がある

「影響力」の最上流へとどんどん遡っていく

「影響力」は、「上から下へ」と流れている

「影響力」には流れがあります。

これは、保険営業に励むプロセスで痛感させられたことです。新しい見込み客をご紹介いただくことが、営業マンにとっては〝命綱〟となるわけですが、この「紹介」は「上から下へ」と流れていくのです。

例えば、経営者の「信頼」を得ることができれば、その経営者の「影響力」を背景にすることで、役員の「信頼」を得やすくなります。そして、役員の「信頼」を得ることができれば、部長に、さらに課長、一般社員へとつながっていきます。このように、**「影響力」は流れている**わけです。

もちろん、「役職」が、必ずしも、真の「影響力」を示しているとは限りません。その社内の実権を経営者が掌握《しょうあく》していたとしても、その経営者の「意思決定」に決定的な「影響力」を及ぼしている側近・参謀のような存在がいるかもしれません。しかし、その場合であっても、組織やコミュニティなどを動かしている「影響力」の最上流に存在している人物がいることに違いはありません。

「影響力」を上手に活用するために重要なのは、「影響力」の最上流に位置する人物が誰かを察知して、その人物との関係性を築き、その人物への「影響力」を獲得すること。つまり、常に「上流」へと遡っていく意識をもつことです。それさえできれば、あとは「流れ」に沿って、あなたの「影響力」は自然と広げていくことができるわけです。

項目24でお伝えした「わらしべ長者」の話を覚えているでしょうか？

僕の知り合いにプロ野球選手と会ってみたい経営者と、経営者とのコネクションをつくりたいプロ野球選手がいれば、おふたりの「影響力」を活用することで、3人での会食をセッティングできる。そして、おふたりに喜んでいただくことができれば、僕に対する「返報性の原理」が働くかもしれない。このように、僕が触媒として機能することで、おふたりの「影響力の共有」ができれば、結果として、僕の「影響力」が増幅させることができるのです。

そして、この「影響力の共有」を上手に行うことで、「わらしべ長者」のように、もともとは少ししかなかった「影響力」を、大きく育てていくことができるというわけですが、このときに意識すべきなのが、「常に上流へと遡る」ということなのです。

「常に上流へと遡る」ことで、「影響力」は最大化する

僕の成功事例をご紹介しましょう。

営業マンとして働いていた頃のことです。Bさんという知人が「金沢さんにぜひ紹介したい人がいる」と言うので会ってみると、飛ぶ鳥を落とす勢いで急成長を遂げているある企業の社員さんでした。

その社員さん自身も非常にユニークかつ有能な方で、当時、社会的な注目を集めていたその企業のビジネスモデルについて詳しく教えてもらったり、業界の裏話などの

貴重な情報もいただくことができました。そのお返しに、彼が求めていた人脈に繋いで差し上げるなど、この出会いはお互いにとってメリットのあるものとなりました。

ただ、僕は「常に上流へと遡る」ことを意識していましたから、彼と一定の信頼関係ができたところで、その企業の創業社長さんについて質問。すると、「最近、社長がゴルフにハマってるみたいなんですよ」と言います。「これはチャンスだ！」と僕は思いました。

ゴルフは僕の得意分野。ゴルフがきっかけで恵まれたご縁も多く、僕が声をかければ、さまざまな業界の経営者やアスリートなどを集めることができます。またオーナーと親しくしているゴルフコースもあり、顔が利きます。ゴルフにハマっている社長さんに、十分な価値を提供できる自信があったのです。

そこで、僕は、その社員さんに、「**社長さんに、僕を紹介してもらえないですか？** ゴルフを通して、僕は、社長さんにさまざまなメリットを提供することができます。ゴルフにハマっているならば、絶対に僕に会う価値がある。そう伝えてもらいたいんです」とストレートにお願いしました。

すると、社員さんは僕に対する「返報性」を働かせてくれたのか、僕がお願いしたとおりに社長に伝達。そして、「意外にも」と言うべきか、「案の定」と言うべきか、社長さんはすぐに僕に連絡をしてくれました。

初めてお目にかかったときは、「保険を売りつけようとするのか？」と警戒されていたようですが、僕はそもそも「保険を売る」ために社長さんに会っていません。そんな僕の姿勢に気づくと、社長さんは「ただのゴルフ好き」として、リラックスして接してくれるようになりました。

自分にとって「快適な環境」を飛び出すことが大切

そして、僕はその社長さんが会いたいと思うであろう経営者やアスリートなどとのゴルフをセッティングするなど、ゴルフを介したお付き合いを深めていきました。

その社長さんが創業した企業は、おおいに注目を集めていましたから、その「影響力」を活用すれば、大物と言われる経営者をお誘いすることも可能。一方、決して人付き合いの得意なタイプの社長さんではなかったので、業界や世代の違う大物経営者と知り合いになるきっかけを提供することは、彼にとっても大きなメリットでした。つまり、みなさんの「影響力」を共有することで、僕の「存在価値」を高めることができたのです。

そうして親しくなっていくと、ゴルフにとどまらないお付き合いになっていきました。

特に大きかったのは、その社長さんがあるときにポロッと、こんな本音を漏らしたことです。「僕、若くして起業して、ずっと仕事ばっかりしてきたから、心の許せる同世代の友達がいないんですよね……」。そこで僕は、彼と気が合いそうで、心の優しい人たちを集めた会食を定期的にセッティング。これに社長さんは、心の底から喜んでくださったようでした。

それ以来、僕との関係性も非常に深いものになり、かなり高額な保険契約をお預かりさせていただいたほか、その企業の関係者の方々からも保険契約をお預かりすることができました。まさに、「影響力」の〝流れ〟に乗らせていただくことができたわけです。

それだけではありません。

もともと社員さんを紹介してくれたBさんにも、お礼の気持ちも込めて、その社長さんを紹介。これにはBさんが、**「社員を紹介したら、社長になって返ってきた！」**と大喜びしてくれました。

いわば、僕だけでなく、Bさんも「わらしべ長者」にすることができたわけです。彼は、いまだに僕のことを「福の神」と呼んで親しくしてくれます。そして、「これは！」という人物がいると、いつも僕に紹介してくれるのです。

もちろん、いつもこのようにうまくいくわけではありません。

だけど、**「常に上流へと遡る」ことを意識することで、想定を超えるような「よい流れ」を生み出す**ことがある。このメリットをとことん追求することで、僕たちの「影響力」も最大化することができるのです。

もちろん、「上流へと遡る」のは簡単なことではありません。「上流」に行けば行くほど、自分よりも「強い人」「すごい人」と向き合う必要がありますから、はっきり言って緊張もしますし、疲れもします。「下流」のあたりで気楽に付き合っているほうが、よほど楽しいと言えるでしょう。

しかし、それでは「影響力」の〝流れ〟に乗ることはできません。**自分にとって「快適な環境」を飛び出して、「上流」を目指すことがとても大切**なのです。ぜひ、みなさんにもチャレンジしていただきたいと願っています。

26

自分の「ブランディング」をする

自分をハブとする「コミュニティ」を育てる

The magic of influence

「コミュニティ」の存在が、僕に強い「影響力」を与えてくれた

ご縁は出せば出すだけ増える——。

僕はそう考えています。これまで仕事、プライベートを問わず、どなたかをご紹介いただいたり、助けていただいたり、よい影響を与えていただいたり、言葉では言い尽くせないほどの恩恵を受けてきました。**「この人のおかげで、この人に出会えた」という感謝の気持ちは、年々、深くなっていくばかり**です。

当初は、営業活動の一環としてやっていたのですが、徐々に、もっと純粋に「恩返し」をするようなつもりで、お世話になった方々の「ご縁」をおつなぎすることで、

みなさんのお役に立つことに喜びを感じるようになりました。

そして、さまざまな方々をおつなぎするために会食やゴルフコンペを主催。結果として、僕の人的ネットワークは劇的に広がっていきました。そして、**僕をハブとする「コミュニティ」が生まれていった**のです。

このコミュニティの存在が、僕の「影響力」を大きく育ててくれました。

というのは、項目25でお伝えしたように、僕は「常に上流へと遡る」ことを意識していましたから、そのコミュニティに経営者やスポーツ選手などの「影響力」をもつ人物がたくさん参加してくださっているからです。

最近はあまりやりませんが、一時期は、そのような会食やゴルフコンペの様子をSNSで積極的に紹介したこともあります（もちろん参加された方々の了承のもと）。すると、みなさんの「影響力」が掛け算されて、僕のコミュニティに参加したいと思ってくださる方がたくさん現れます。それだけ、僕の「影響力」が増していると言えるかと思います。

あるいは、SNSでわざわざアピールしなくても、コミュニティに参加してくださる「影響力」のある方々が、ご自分の周囲の方々に対して「金沢景敏」という人間を話題にしてくださるだけでも、僕の「影響力」は増していきます。

そして、コミュニティに参加してくださる方々に、僕は保険の営業はしませんが、しかしながら、みなさん、僕が〝保険屋〟であることは知っていますし、僕が「営業マンとして日本一になりたい」「トップになりたい」と思って必死で頑張っていることは知っています。

だから、ご自分に保険が必要になったり、保険ニーズが生じた知人がいらっしゃれば、僕に連絡をしてくれるわけです。

こうして、いつの間にか、僕は、ほとんど「保険営業」の仕事をしなくても、毎日のように「あなたから保険に入りたい」という連絡が入るという恵まれた環境が生まれていたのです。

その結果、プルデンシャルには8年間在籍しましたが、最終的には、TOT基準の4倍以上（コロナ前の基準）の成績をあげるまでになっていたのです。これも、「ご縁」をつなぐことで育ててきた「影響力」の成せるわざで、本当にありがたいことでした。

「ご縁」をつなぐ相手を間違えてはいけない

ただし、強く注意を払っていることがあります。

「ご縁」をつなぐ相手を間違えてはいけない、ということです。

これは、痛恨の失敗から学んだことです。数年前に、どなたかからのご紹介で、僕が主催する会食に参加した若い男性がいました。彼の第一印象はものすごくよかった。見た目もいいし、清潔感のある服装で、人柄も非常に爽やかに思えたのです。しかも、元甲子園球児。僕の大好きなスポーツマンだったこともあって、いろいろな人を彼に紹介してあげたのです。

ところが、のちに、これが大問題を引き起こしました。

なんと、彼が投資詐欺を働いていたのです。それを教えてくれたのは、僕が彼に紹介した歯科医さんでした。その歯科医さんは、彼が勧める事業に投資をしたのですが、いつまでたってもその事業がうまくいかない。そして、彼と連絡すらもとれなくなったといいます。要するに、お金だけ集めて〝ドロン〟していたわけです。

その歯科医さんに彼を紹介したのは僕ですから、責任があります。だから、歯科医さんに深くお詫びするとともに、彼を紹介した方々全員に事情を報告したうえで、注意を呼びかけました。

そして、彼の居場所を突き止めるべく全力を上げましたが、僕の力ではどうにもなりませんでした。無念でした。それに、彼に裏切られたのは、とても悲しいことでした。歯科医さんをはじめ被害者のみなさんは、僕なりの誠意を認めてくださって、それまでと変わらずお付き合いを続けていただくことができましたが、あのとき、ご迷惑をおかけしたことについて、今でも心苦しく思っています。

「テイカー」が紛れ込むと、コミュニティが崩壊する

要するに、彼は典型的な「テイカー」なのです。

「テイカー」とは、「自分の利益のためだけに、人から奪おうとする人」のこと。彼

のような「人を騙して、利益を得ようとする人」は、「テイカー」の典型というべきでしょう。

そして、**「テイカー」が自分のコミュニティに紛れ込むと、これまで積み上げてきた「影響力」は脆くも崩れ去ってしまいます。**なぜなら、「自分の利益のためだけに、人から奪おうとするテイカー」と付き合えば、僕からも、僕のまわりにいる人たちからも「奪おう」とするからです。その結果、僕と付き合ってくれている「ギバー」の人たちも、僕のコミュニティからどんどん逃げていってしまうからです。

これは、恐ろしいことです。

僕は、本書でご紹介してきたように、目の前の方に「親近感」「信頼」「交換」「応援」といった感情をもっていただくことで、「本物の影響力」を及ぼすことができる方々の「母数」をコツコツと増やしてきました。

さらに、そうした方々をおつなぎすることで「ご縁」を広げることで、僕をハブとする「コミュニティ」が自然と成立。そして、この「コミュニティ」に入りたいと思う人が増えることで、より一層、僕という存在に「影響力」が備わる好循環が生み出されていったわけです。

ところが、そこに「テイカー」が紛れ込むと、僕の「コミュニティー」に加わる方々を傷つけてしまううえに、僕に対する不信感をもつ人が増えていき、僕の「影響力」が削がれていってしまうでしょう。これまでコツコツと積み上げてきた「コミュニティ」そのものが、音を立てて崩れ去ってしまうに違いありません。それは、本当に恐ろしいことだと思います。

一対一で向き合って、相手の「価値観」を洞察する

だから、それ以来、**僕は「ギバー」としか付き合わないし、「ギバー」としか時間を共有しない**と決めました。そして、自分のコミュニティに「テイカー」を紛れ込ませないために、細心の注意を払っています。

自分が主催する会食やゴルフコンペに呼んだり、どなたかをご紹介する前に、必ず、一対一でお会いして、じっくりとお話しを伺うようにしています。そしてお互いの価値観をしっかりと共有して、僕自身がその人を堂々と他の人にご紹介できる方かを自分自身に確認しています。

もちろん、これは僕の主観によるもので、100％のスクリーニングをするのが難しいことは自覚しています。だけど、**その人のライフストーリーに耳を傾けていると、「何かおかしい」と違和感を覚える**ことがあります。

例えば、先ほどの元甲子園球児も、その後、よくよく思い返してみると、言っていることの辻褄があわないことがありました。よほどの頭のよい人でなければ、「嘘」の辻褄を完璧に合わせるのは難しい。どこかで破綻していたり、しっくりこない〝気持ち悪さ〟のようなものがあるのです。

あるいは、その人の交友関係を聞くのも大切です。

これは、かつて交流会に積極的に参加しているときに痛感したことですが、何で稼いでいるのかはっきりしない主催者の交流会に集まるのは、やはり、何で稼いでいるのかはっきりしない〝怪しげな人物〟が多いものです。

そういう主催者からは距離を取っていったのですが、要するに、「類は友を呼ぶ」ということなのでしょう。相手の交友関係から、その人の「ひととなり」を感じ取ることはできると思います。

このように、必ず、一対一でお目にかかって、僕のことも知ってもらったうえで、相手のライフストーリーや、相手が大事にしている価値観や信念などを伺います。そのプロセスで、相手の「人間性」に対する洞察を深めるのです。

ここで問われるのは、いわば「動物的勘」「動物的嗅覚」のようなもの。「1＋1＝2」のように誰にとっても間違いのない「正解」のある話ではなく、僕の目には「テイカー」に見える人が、別の人には「ギバー」に見えることもあるでしょう。それだけ、微妙で繊細な問題なのです。

だから、正直に言って、僕の判断が100％正しいかどうかはわかりませんが、大切なのは、僕と「ご縁」をつないでくださっている「ギバー」の方々を守るために、僕の責任において「テイカー」と思われる人物とは付き合わないことです。

「ギバーであろう」と努力する姿勢が大切

そして、僕が「ギバー」だけが集まるコミュニティをつくることができれば、それが、僕に大きな「影響力」を与えてくれるに違いありません。

なぜなら、「金沢さんが主催する会なら安心だ。大切な友人を連れて行こう」「知人を金沢さんに紹介したら、そこから素敵なご縁を広げてくれそうだ」「金沢さんが信用を置く人物なら、信用できるだろう」と思ってもらえるとすれば、それは**僕という存在の「ブランディング」そのもの**であるからです。

この「ブランディング」を強固なものにできれば、多くの「ギバー」の方々に安心して僕のコミュニティに加わっていただけますし、コミュニティ内の人的交流もどんどん活性化していきます。その結果、コミュニティそのものの「価値」はさらに向上して、その「影響力」を増幅していく。このような好循環が回り始めるのです。

そのために重要なのは、**人間は誰しも「自己中心的」であり、「テイカー」の要素があることを認める**ことだと思っています。僕だってそうです。そこを自分で認識しているからこそ、強いて「ギバー」であろうとする。この「あろうとする姿勢」がとても大事だと思うのです。そして、「ギバーであろうとしている人」同士が時間をともにし、仲間として力を合わせることで、「ご縁」は指数関数的に積み重なっていく。それを信じて、僕は日々、「ギバーであろう」と努めているのです。

27

「影響力」の〝落とし穴〟を知る

自分の「影響力」に無自覚なのは〝害悪〟である

The magic of influence

「自分はまだまだ」と思い知ることが大切である

「影響力」には〝落とし穴〟がある——。

このリスクについては十分に意識しておく必要があります。

第一の〝落とし穴〟は、項目17でも触れたように、「影響力」が増強されると、周囲からはチヤホヤされ、快い環境に身を置くことになり、そこに「慢心」が生じることにあります。

その「慢心」によって、努力を怠るようになるとともに、チヤホヤされて図に乗るようなこととして、周囲の人々の反感を買い、みるみる「影響力」が損なわれていく結果を招くおそれがあるのです。

この〝落とし穴〟を避けるためには、チヤホヤされる場所からなるべく距離を取ることが大切です。

人間は弱い存在ですから、チヤホヤされる場所にいれば、どうしても「慢心」が生じます。そういう場所に身を置きながら、「慢心」をしないのはほとんど〝苦行〟のようなものではないでしょうか。

だから、僕は、プルデンシャルで日本一を獲得してからは、なるべく同業者とは行動を共にしないように心がけました。営業ノウハウを盗まれたくないといった理由では全くなく、ただただチヤホヤされるのが怖かったからです。それよりも、自分よりも「強い人」「すごい人」と向き合って、「自分などまだまだ」と思い知らされるほうが自分のためになると思っていたのです。

オリンピックで個人総合2連覇をした体操界のレジェンド、内村航平さんと交流させていただいているのですが、彼も同じことをおっしゃっていました。

彼はオリンピックや世界選手権で金メダルを獲り、押しも押されもしない世界のトップ選手となってからも、誰よりも過酷な練習を自らに課し続けました。

「なぜ、そんなことができたのですか？」と尋ねると、「世界は広いですから、体操界だけではなく、各界のすごい方々とお目にかかるようにしていました。そうすれば、**上には上がいることがよくわかりますし、さらに上を目指そうというモチベーションが湧いてきます**」といった趣旨の回答をされました。

彼ほどのトップアスリートを、僕と同列に語るわけにはいきませんが、僕が長年心に秘めていたのと同じことを口にされたことに、おおいに感銘を受けるとともに、意を強くしたものです。

おそらく、これは内村選手だけではなく、すごい成績を継続して上げられたアスリートに共通するメンタリティではないでしょうか。**すごい成績を上げて、「影響力」が劇的に増強されたときにこそ、「自分よりすごい人」に会いにいく。そして、さらに研鑽をつむことで、「影響力」の〝落とし穴〟を避けるとともに、結果として、より大きな「影響力」を育んでいかれる**のだと思うのです。

「影響力」をめぐる、わかりにくいけれど深刻な問題とは？

もうひとつ、注意すべき〝落とし穴〟があります。

これは、**「自分が発揮している〝影響力〟に無自覚である」という〝落とし穴〟**です。

プルデンシャルを退職して、AthReebo（アスリーボ）という会社を起業してから、身をもって痛感させられた問題です。微妙な問題であるだけに気づきにくいのですが、それがもたらす問題はかなり根深いものになりがちなので、十分に注意する必要があると自戒しているところです。

例えば、あなたがベンチャー企業の社員だとしましょう。

そして、採用してくれた創業社長と同じスペースで仕事をしています。

そんななか、社長が暑そうに、団扇《うちわ》で顔を扇いでいたら、あなたはどうするでしょうか？　おそらく、席を立って、エアコンの設定温度を下げるのではないでしょうか？　あるいは、冷たいお茶を入れて、社長に差し出すかもしれません。僕だったら、そのくらいのことはすると思います。

そのとき社長は、社員をそのように「動かそう」などとは露ほども思っていません。ただ単に、暑いから団扇で扇いだだけなのです。だけど、社員は動いてくれた。それは、社長が「影響力」を社員に及ぼしている証拠ですが、そのことに無自覚であることに大きな問題が隠されているのです。


どういうことか？

僕自身、起業後の社内会議で怖くなったことがあります。

というのは、僕が述べた意見に対して異論が出ないからです。もちろん、僕は自分の意見を強引に押し付けるようなことをしてはならないと自制していたつもりですが、それでも、なかなか異論が出ない。僕の意見にみなが賛成して、しゃんしゃんと通っていってしまうのです。

おそらく、社員たちも、創業社長である僕の意見だから、本音では違う意見があるけれども、それを押し殺しているつもりはないのだと思います。そうではなく、**僕の意見のことを、「本当にそれがいい」と思ってしまっている**のです。

自分の「影響力」がもたらす弊害に「臆病」であれ

実は、これが「影響力」の怖さです。

本書で何度も述べてきたように、人間がなんらかの意思決定をするうえで、決定的な役割を果たしているのは「理屈」ではなく「感情」です。そして、僕の会社の社員たちの多くは、「金沢景敏と一緒に働きたい」という動機で働いてくれています。それだけに、**僕が述べた意見に対して、自分の頭で「理屈」で考えるのではなく、「感情的」に「本当にそれがいい」と思ってしまう**のです。

これが危ない。

なぜなら、僕の意見が「常に正しい」などということはありえないからです。

むしろ、「常に間違う可能性がある」からこそ、社員をはじめとする他者の「頭」を借りて、さまざまな観点から検証し、必要であれば修正していかなければならないのです。だからこそ、僕たちは「議論」をしているのに、**「影響力」がそれを簡単に**

歪めてしまうのです。

ところが、この「影響力」がもたらす弊害を認識しないでいると、下手をすると、社員からの異論が出されないことをもって、「自分の意見は常に正しい」「さすが俺は優秀だ」などと勘違いをしかねません。このように勘違いするのは、たいへん心地よいことであるだけに、きわめて危険なことだと言うべきでしょう。

だから、一定の「影響力」を得てからは、「自分の〝影響力〟に無自覚」であってはなりません。そして、自分が周囲の人々にもたらしている心理的な「影響」を考慮したふるまいをするように心がけなければならないのです。

そして、優れた経営者はみなさん、このことに自覚的だと思います。

ある大企業の社長さんは、会議中はポーカーフェイスに徹するとおっしゃっていました。なぜなら、あるテーマについて、2つの案が上程されたときに、社長が直感的にB案よりA案に好感をもったら、どうしてもそれが表情に表れてしまう。すると、部下はそれを敏感に察知して、その場の空気が「A案優位」に傾いてしまうからです。

それでは、正しい経営判断ができない。そう気づいた社長さんは、その後、**常にポーカーフェイスに徹することで、「自分の影響力」が「議論」を歪めるのを防ぐ**ことを心がけるようになったとおっしゃいます。


僕は、こんな工夫をしています。

自分の「意見」は最後に言うようにしているのです。

先に僕の「意見」を言ってしまうと、どうしても社員たちはそれに引きずられてしまいます。だから、僕は問題提起をして、みんなの「意見」を引き出すことに徹する。

そして、さまざまな「意見」が戦わされて、議論が尽くされたタイミングに、経営者である僕の責任において「意思決定」をする。このようなプロセスを大事にすることで、僕がもつ「影響力」の弊害を最小化しようとしているのです。


言うまでもありませんが、こうした工夫は、社長にだけ求められることではありません。あらゆる「上司・部下」関係や「親子」関係にもあてはまることだと思います。

自分にはどういう「影響力」があり、相手に対してそれが何をもたらしているか？

このことに対して、常に自覚的であることが大切なのです。

28

「影響力を発揮したい」願望を捨てる

「価値」を純粋に追求する人こそが最強である

「影響力」の本質とは何か？

ここまで「影響力」を身につけ、増幅させるためのノウハウについていろいろ書いてきました。

何度も書いてきたとおり、「影響力」とは、「潜在意識に働きかけることで、人を動かす力」のことです。ついつい、僕たちは相手を動かすために、「理屈で説得しよう」としてしまいがちですが、それゆえに、かえって敬遠されたり、反発されたりしがち。「理屈で説得する」のは至難のわざなのです。

なぜなら、人は「理屈」ではなく、99・9999％「感情」で動くからです。

だから、相手の「潜在意識」＝「自覚されていない意識」に働きかけることで、相手がこちらに対して「好感」「信頼感」「親近感」などのポジティブな「感情」をもってもらうことを常に意識する。そうすることで、自発的にこちらが望む方向で動いてもらう力のことを「影響力」と言うわけです。

つまり、「影響力」を身につけるためには、**「ここでこれをやったら、相手はどう感じるだろうか?」「相手は喜んでくれるだろうか?」「嫌な気持ちになるだろうか?」などと、徹底的に相手目線でこちらの言動を律していく**ことが不可欠。要するに、相手の「潜在意識に何が起きるか?」を心を込めて想像し、そこにポジティブな「感情」を呼び起こすための工夫を凝らすことが重要だということです。

ただ一方で、ここまで書いてきて、「それだけでは足りない」という思いがあるのも事実です。いや、もっと言えば、それが「影響力」の本質ではない。そういう思いが込み上げてくるのです。

僕が、この本を書きながら、ずっと頭の片隅にあったエピソードがあります。もう何年も前に、何かの記事でたまたま読んだのですが、「影響力」というものを考えるうえで、とても示唆に富むエピソードだと思います。うろ覚えで、不正確な部分もありますが、どんな話だったか再現してみましょう。

80歳の高齢者の何が、人々を動かしたのか？

舞台は、日本の山奥の村です。

かつては林業で栄えた地域ですが、外国から安い木材が輸入されるようになり、日本の林業は衰退。その村も、人口が減り、高齢化が進み、過疎地域と呼ばれるようになっていました。

この物語の主人公であるCさんは、生まれも育ちもその村で、記事が掲載された当時、たしかすでに80歳前後だったと思います。若い頃からずっと山に入って林業に携わっていましたが、20年ほど前に引退。自分が生涯かけてきた林業が衰退し、村の活気も失われていくことに哀しい思いを抱えていたそうです。

そんなAさんが、ある行動に出たのはその10年ほど前のこと。

誰も手入れをしなくなり、荒れ放題の山林を見るに見かねて、おひとりで間伐を始めたのです。森林が成長すると、樹木たちが過密になりすぎて、お互いの成長を阻害しますし、光も地表に届かず、下層植生が育たなくなり、土地がやせ細っていってしまいます。そうしたことを防ぐためには、適度な林内密度に調整するために、一部の樹木を伐採する「間伐」をしなければならないのです。

当初、村の住民たちは、そんなCさんを遠目に見ているだけでした。

穏やかなお人柄のCさんは、村民たちに親しまれていましたから、「精が出ますね」「無理しないように」などと声をかけられはしましたが、それ以上のことはありませんでした。Cさんも、誰かに協力を求めるようなこともなく、ただただコツコツと自分にやれることをやるだけでした。それだけでも、ご自分の「勤め」を果たしているような気がして満足だったようです。

しかし、徐々に変化が生まれていきました。

毎日毎日、黙々と山の手入れをするCさんの姿に心を動かされる村民が一人ふたりと増えていったのです。

「どうして、金にもならないのに、そんなに頑張るのか？」と尋ねると、「山が荒れていくのを見るのが耐え難いから」「やっぱり山仕事が楽しいから」とCさん。多くの村民もかつては林業に携わっていましたから、そのCさんの思いに共感を寄せる人が現れるのも自然の成り行きだったかもしれません。

はじめのうちは数人がCさんと一緒に汗を流す程度でしたが、少しずつその輪は広がって行き、大量に出てくる間伐材を活用したビジネスを模索する動きも発生。ついには、地元の役所も動き出しました。間伐材ビジネスを後押しするとともに、林業を効率化するための機材の導入などに予算をつけることになったのです。

このように村を挙げてのプロジェクトへと育てていったのは、Cさんではありません。Cさんは、ただひたすら山仕事をする一員であり続けただけで、村民に「一緒にやろう」と呼びかけたことすらありませんでした。このプロジェクトを立ち上げ、引っ張っていったのは若手のリーダーだったのです。

しかし、最初のきっかけをつくったのはCさんでした。

Cさんが、ご自分の思いを胸に、たったひとりで山に入った。その姿が、多くの村民を動かしていったのです。僕は、**ここに「影響力」というものの、最も純粋な姿を見る**ような思いがします。このCさんの姿にこそ、「影響力」の本質が現れているような気がするのです。

「影響力を発揮しよう」という〝邪心〟を捨てる

なぜなら、Cさんには**「影響力を発揮しよう」「村民を動かそう」などという〝邪心〟が一切ない**からです。

ただ純粋に「荒れ放題の山」を見るのが哀しくて、「なんとかしたい」という思いや「大好きな山仕事をやりたい」という思いを抑えられなくなった。だから、誰を誘うこともなく、一人で山に入って手入れを始めただけだったのです。

しかし、「豊かな山林を取り戻すために汗を流す」という、きわめて公益性の高い行動は、ただそれだけで強い「影響力」をもつのです。おそらく、多くの村民も心の奥底では「山林を大切にしたい」という思いがあったのでしょう。Cさんの姿を目の当たりにすることで、その自分たちの「思い」が自然と動き出したのではないでしょうか。

みんなにとって「価値」のある行動を起こせば、そこには自然と「影響力」が備わるのだと思うのです。そして、そのときには、**「影響力を発揮しよう」などという〝邪心〟は、単なるノイズに過ぎない**のです。

だから、僕は、本書で書いてきたさまざまなノウハウを体得することができたら、それを忘れるくらいでちょうどいいと考えています。

僕自身、「保険を売ろう、売ろう」とするあまり、「影響力」を自ら傷つけてきたように、多くの人々は「自分のために人を動かそう」とすることで失敗します。だから、僕は、本書で書いてきたように、「徹底的に相手目線で自分の言動を律する」という行動原理をインストールすることによって、「自分のために」という〝本能〟のようなものを克服する訓練をしてきたのだと思います。

だけど、それを単に頭で理解するのではなく、身体で覚えることができたら、こうしたノウハウはすべて忘れ去るのが正解なのかもしれません。そして、Cさんがそうだったように、「みんなにとって〝価値〟のある行動」をすることに集中すればいいのではないでしょうか。

あえて、「影響力を発揮しよう」などと思う必要もなく、ただひたすら「みんなにとって〝価値〟のある行動」を楽しむ。そこには、**どんな作為をもってしても到達し得ないような、強力な「影響力」が生まれる**のだと思うのです。

あとがき

ただひたすら「みんなにとって〝価値〟のある行動」を楽しむ――。

項目28で述べたように、僕は、これこそが「影響力」を発揮する究極の姿ではないかと思っています。もちろん、僕はまだまだ修行の身。そのような境地には至っていませんが、それでも僕なりに「みんなにとって〝価値〟のある行動」に精一杯取り組む毎日を送らせていただいています。

プルデンシャル生命を2020年に退職し、AthReebo（アスリーボ）株式会社を設立。長年の夢だった「人生トータルでアスリートの生涯価値を最大化し、新たな価値と収益を創出する事業」に全力で取り組んでいます。

最初に取りかかったのは、アスリートの引退後の人生をサポートすることです。アスリートは、現役がピークでは決してありません。世の中の人々も、アスリート自身も、引退後の人生を「セカンドキャリア」と考えていますが、僕は「セカンドではない」と考えています。むしろ、アスリートとして培ったものをベースに、引退後に「キャリアアップ」するという考え方を広げたいのです。

とはいえ、多くのアスリートは「スポーツしかしてこなかった」のも事実。「やりたくないことはしてこなかった」人たちでもあるし、「スポーツ以外に目標を立てたこともない」という人が多いのも事実です。

そこで、彼らが働きながら、社会のこと、商売のこと、経営のことなどを学んでもらう場所をつくるために、東京都世田谷区で「大阪タレ焼肉まる29」という焼肉屋の経営を開始。元プロアスリートにもお店に入ってもらい、接客を通して商売の原理原則を身につけてもらっています。

また、僕が営業という仕事を通じて得たことをベースに、元学生水泳日本チャンピオンの社員が「営業研修プログラム」を開発。営業事業責任者として活躍し、数多くの営業パーソンに「スキル」や「思考法」を身につけていただき、成果を上げていただくことに貢献しています。

今後は、営業パーソンを志す引退したアスリートに、この「営業研修」のエッセンスを徹底的に学んでいただき、その精鋭メンバーを集めた「最強の営業部隊」をつくっていくことを構想しています。

さらに、未来のアスリートを応援する社会貢献プロジェクトも開始しました。

このプロジェクトの概要は次のとおり。プロジェクトに参画する企業さまから、若いアスリートをサポートする「支援金」を負担していただくとともに、支援対象となるアスリートの選出にも関わっていただきます。

そして、そのリターンとして、オリンピック3連覇を達成した柔道家・野村忠宏さん、全豪・全仏・全英でベスト4に入るなど世界のトップで活躍したテニスプレイヤー・伊達公子さんなど、このプロジェクトの趣旨に賛同するレジェンドアスリートの肖像権を提供。企業サイトや広告などに自由にご活用いただけるようにします。

つまり、レジェンドアスリートの「影響力」を活用して、企業の業績向上に貢献し、そのことにより、未来のアスリートを応援するという社会貢献プロジェクトです。参画企業さまには、支援したアスリートを継続的に応援することで、社員やお客様とのコミュニケーションを活性化したり、結束力を高めたりする効果も期待できます。おかげさまで、すでに数多くの企業さまが参画を表明してくださっています。

このように、現役から引退後まで、アスリートの生涯価値を最大化することは、社会全体にとっても「価値」のあることだと、僕は確信しています。

僕が愛するスポーツを軸に、ひとりでも多くの方々が、より楽しく充実した人生を送れるようにしたい。うまくいかないことも多いですが、そんなことを夢見ながら、一日一日を全力で走っています。

そして、この事業を成功させるために、レジェンドアスリートのみなさま、経営者のみなさまをはじめ、さまざまな方々の「影響力」を活用させていただいています。これまでの人生で培った「影響力の魔法」を最大限に活用して、多くの方々のご支援をいただきながら、なんとしても「アスリートの生涯価値の最大化」という事業目的を実現したいと意気込んでいます。

もちろん、成功までの道のりはまだまだ険しいと思っています。

だけど、多くの方々の応援をいただきながら、このような誰もやったことのないチャレンジをさせていただけているというだけで、感謝の気持ちが湧き上がってきます。

そして、ＴＢＳを辞めて、〝保険屋〟になって、**対人関係に悩み苦しんだことで、自分なりに成長することができたからこそ、こうして多くの方々の協力を得ることができているのではないか**と考えています。

僕は、プルデンシャル生命に転職して以来、さまざまなことを学んできました。

ＴＢＳ時代（特に編成部に配属になってから）、僕は「自分には発言力がある」「自分には人を動かす力がある」と思っていましたが、それは「ＴＢＳ」「編成」という〝虎の威〟を借りていただけ。その自覚に欠けていた僕は、「偽物の影響力」を振り回していたにすぎない。ＴＢＳを辞めることで、それを思い知らされたのです。

そして、周囲の人々のコミュニケーションなどを参考にしながら、僕なりに、相手の潜在意識にポジティブな感情を生み出すような「振る舞い」を身につけていきました。そして、相手が「こいつの力になってやろう」「こいつを助けてやろう」と自ら動いてくださるような、「本物の影響力」を強く意識するようになったのです。

本書では、そのために必要な「思考法」や「ノウハウ」をいくつも書いてきましたが、なかでも、僕がみなさんにお伝えしたいのは、**「僕たち自身の人生のストーリー」**

こそが「影響力」を高めてくれるということです。

人は感情の生き物です。細かい数字やデータなどをいくら伝えても記憶には残りませんが、嘘偽りのない事実と実績に基づいた、あなたの本音のこもったストーリーは、多くの人々の記憶に残り、多くの人々の心を動かします。**誰もが、自分の人生を一生懸命生きており、それぞれに本音を抱えていますから、そんな心からのストーリーには必ず心が動かされる**のです。

そして、そのストーリーは格好よくなくていいのです。僕自身、アメフト時代に「本当の本気」ではなかったことや、TBS時代に〝虎の威〟を借りていることを自覚していなかったことなど、**格好わるいことがあったからこそ、それをなんとか克服しようとするなかで、僕なりのストーリーが生まれました。**だからこそ、そんな僕のストーリーに共感してくれる方が現れたのだと思うのです。

その意味で、「格好わるい自分」「克服したい自分」は、僕たちにとって否定すべきものではなく、大切な大切な財産なのです。

僕は常々、ポジティブ・シンキングには否定的なのですが、それは、下手をすると「格好わるい自分も最高！」などと、現実や事実から目をそむけて、無理に気持ちを高揚させるという「欺瞞《ぎまん》」に陥りやすいからです。

そうではなく、**「格好わるい自分」「ダメな自分」を正面から直視して、それを乗り越えようとまっすぐ努力をする。そこにこそ、人々の心を動かすストーリーが生み出される。**そして、そこに生まれた「影響力」によって、多くの人々のサポートを得ながら、僕たちは人生を豊かなものに変えていくことができるのだと思うのです。

そんな僕はいまだに、「格好わるい自分」「ダメな自分」と向き合い続けています。そして、そんな自分を乗り越えるべく、日々、気持ちを新たに、一歩ずつ人間的な成長ができるよう努力を続けているつもりです。ぜひ、本書を読んでくださったみなさんとともに、コツコツと成長を続け、「本物の影響力」で世の中に価値を生み出していきたいと願っています。

最後に、愛情いっぱい、僕自身の選択のままに育ててくれた両親に、改めて感謝しています。ほんまにありがとう。ふたりのおかげで今の自分があります。オヤジとオカンは僕の誇りです。

それから、妻の明子に長女の帆杏、長男の榮己、次男の榮将も、いつもほんまにありがとう。明子の器の大きさにいつも救われています。明子のお陰でいつも明るく賑やかな家族やからこそ、僕は全力で生きることができています。また成長していく子どもたちが僕のことを「カッコよいお父ちゃん」と胸を張って言ってもらえるように生きていきます。これからもよろしくお願いします。

僕は**「影響力」も「エネルギー」も「能力」も「運」も「勇気」も出せば出すだけ増える**と思っています。僕は皆さんから本当に多くのことを与えてもらっています。だからこそ出し惜しみせずに、いただいたものを存分に活用して、多くのみなさまのお役に立っていければと思っています。これからも、お会いさせていただいた方々との「ご縁」を大切にしながら、お互いの「影響力」を共有することで増幅し、世の中に新たな「価値」をつくっていけるように全力を尽くしていきたいと思っています。

最後までお読みくださりありがとうございました。
自分の人生、自分が主人公です。お互い、精一杯、全力で生きていきましょう。
これからもよろしくお願いいたします。

2023年8月

金沢景敏

金沢景敏（かなざわ・あきとし）

AthReebo（アスリーボ）株式会社　代表取締役

1979年大阪府生まれ。早稲田大学理工学部に入学後、実家の倒産を機に京都大学を再受験して合格。京都大学ではアメリカンフットボール部で活躍、卒業後はTBSに入社。スポーツ番組などのディレクターを経験した後、編成としてスポーツを担当。

2012年よりプルデンシャル生命保険に転職。当初はお客様の「信頼」を勝ち得ることができず、苦しい時期を過ごしたが、そのなかで「影響力」の重要性を認識。相手を「理屈」で説き伏せるのではなく、相手の「潜在意識」に働きかけることで「感情」を味方につける「影響力」に磨きをかけていった。その結果、富裕層も含む広大な人的ネットワークの構築に成功し、自然に受注が集まるような「影響力」を発揮するに至った。

そして、1年目で個人保険部門において全国の営業社員約3200人中1位に。全世界の生命保険営業職のトップ0.01%が認定されるMDRTの「Top of the Table(TOT)」に、わずか3年目にして到達。最終的には、TOTの基準の4倍以上の成績をあげ、個人の営業マンとして伝説的な数字をつくった。

2020年10月、プルデンシャル生命保険を退職。人生トータルでアスリートの生涯価値を最大化し、新たな価値と収益を創出するAthReeboを起業。著書に『超★営業思考』（ダイヤモンド社）。営業マンとして磨いた「思考法」や「ノウハウ」をもとに「営業研修プログラム」も開発し、多くの営業パーソンの成果に貢献している。また、レジェンドアスリートの「影響力」をフル活用して企業の業績向上に貢献し、レジェンドアスリートとともに未来のアスリートを育て、互いにサポートし合う相互支援の社会貢献プロジェクト「AthTAG」も展開している。

■ AthReebo（アスリーボ）株式会社　https://athreebo.jp/

影響力の魔法

2023年8月22日　第1刷発行

[著　者]　金沢景敏
[発行所]　ダイヤモンド社
〒150-8409 東京都渋谷区神宮前6-12-17
https://www.diamond.co.jp/
電話／03-5778-7233（編集）03-5778-7240（販売）
[装　丁]　奥定泰之
[製作・進行]　ダイヤモンド・グラフィック社
[印　刷]　三松堂
[製　本]　ブックアート
[編集担当]　田中 泰

ISBN 978-4-478-11538-1